Jan David Zimmermann
LETHE. Vom Vergessen des Totalitären
Politische Essays 2021-2022

Originalausgabe

Sollte diese Publikation Links auf Webseiten Dritter enthalten, so übernehmen wir für deren Inhalt keine Haftung, da wir uns diese nicht zu eigen machen, sondern lediglich auf deren Stand zum Zeitpunkt der Erstveröffentlichung verweisen.

Dieses Buch ist auch als E-Book erhältlich

1. Auflage

Copyright 2023 © ars vobiscum Media e. U.
Oberhofen 7, 4894 Oberhofen am Irrsee
www.ars-vobiscum.media

Umschlaggestaltung und Satz:
Thomas Stimmel

Druck und Bindung:
Plureos - Bad Hersfeld
Printed in Germany

Paperback ISBN 9783903479029
Hardcover ISBN 9783903479043
eBook ISBN 9783903479036

JAN DAVID ZIMMERMANN

LETHE.
VOM VERGESSEN DES TOTALITÄREN
POLITISCHE ESSAYS 2021-2022

*Gewidmet ist dieses Buch meinen Großeltern
Hilde Zimmermann (1920-2002) und
Harry Zimmermann (1920-2010).*

Inhalt

Inhalt	
Einleitung: Der Fluss des Vergessens	7
Megamaschine: Portal für Wissenschafts- und Ideologiekritik	20
„Play the Game of Carnival"*	27
Megamaschine: Wissenschaft und Technik als Ideologie	36
Die Widerstandsimpotenz der „Linken": Die dreckige Praxis	43
Wissenschaft und Verantwortung	52
Das Ende der Universität	60
Raum und Ausgrenzung	68
Sprachliche Eskalation	78
Framing in den Medien:	
Eine kleine Verschwörungstheorie	93
Offener Brief an die Organisator*innen des Bachmannpreises	102
Die Impfpflicht in Österreich	
ist politisch korrekte Diskriminierung	107
Abgründige Solidarität	114
Der vermessene Mensch:	
Datensammlungen vom 18. Jahrhundert bis in die Gegenwart	127
Karl May und der Frieden	133
Danksagung	141

„Wir haben von der Kron', nur Dornen zu Gewinn."

- Andreas Gryphius, Katharina von Georgien

EINLEITUNG: DER FLUSS DES VERGESSENS

Wir sind in den Fluss Lethe gestiegen und haben trotz einer lebendigen Erinnerungskultur, trotz sprachlicher Achtsamkeit in vielen Belangen, trotz einer immensen Akademisierung vergessen, wie das Totalitäre beschaffen ist. Wir haben vergessen, was das Totalitäre ausmacht und wie wir es erkennen (können), wenn es mit anderen Vorzeichen auftritt und wie es sich Schritt für Schritt etabliert. Dieses Vergessen ist faszinierend, sieht man doch gerade an der Sprache der Krise(n) überdeutlich, dass wir auf dem Weg ins Totalitäre sind. Bleiben wir auf der sprachlichen Ebene, so haben wir Schritt für Schritt wahrnehmen müssen, wie sich der Wortschatz des öffentlichen Diskurses vereinfacht hat, Kampfbegriffe überhandnahmen und Framing sich als gängige journalistische Praktik etablierte. Wie Generalisierungen, axiomatische Scheinerklärungen, lose Assoziationsketten, die Zusammenhänge verdeutlichen sollten, und semantische Umdeutungen an der Tagesordnung waren. Vernunft wurde zu Gehorsam, Skepsis zu Wissenschaftsfeindlichkeit, Gesellschaftskritik zu Verschwörungstheorien. Eine karnevaleske Umkehrung auf dem Boden der Sprache. Wer sich in seinem Leben auch nur ein bisschen mit Sprache beschäftigt hat, der weiß, dass in ihr mehr oder weniger alles konzentriert wird, was uns heimsucht: Die Angst, der Hass, der Kampf und nun das Schweigen, das Verdrängen, die Abspaltung. Die Sprache ist grundsätzlich der sichtbare Kristallisationspunkt, an dem man erkennen kann, in welchem Zustand sich die Gesellschaft befindet.

Als Schriftsteller, akademisch ausgebildeter Wissenschaftsphilosoph und Wissenschaftshistoriker war mir klar, dass ich das „Gelernte" in der Zeit der Corona-Krise unmissverständlich auf die Gegenwart anwenden muss, sonst war all das Lernen, all die kritische Lektüre, all das Bücher-Wälzen umsonst, sonst reihe ich mich ein in die Riege jener, die sich vor der dreckigen Praxis fürchten. Am Ende zählt, die Theorie zum notwendigen Zeitpunkt zur (Denk-)Praxis werden zu lassen; ein Lackmustest der schonungslosen Art.

In diesem Buch versammelt sind nun Schlüsseltexte, die

von Juni 2021 bis November 2022 auf meinem Blog „Megamaschine"[1], in der Berliner Zeitung und im Stichpunkt-Magazin erschienen sind. So wie sich die gesellschaftliche Lage immer weiter zuspitzte, so reagierte auch ich immer stärker mit spitzer Feder auf die mich fassungslos machenden Entwicklungen. Es sind all dies Zeitdokumente, auf die ich selbst in Zukunft noch häufig zurückgreifen werde, und als solches ist auch dieses Buch als Gesamtes zu bewerten.

Sprachkritik & Wissenschafkritik, Geschichte & Macht

In meinen Texten ging es nicht um konkrete Argumente z.B. für oder gegen Impfungen, sondern es ging primär darum, wie wir in dieser Zeit mit Sprache umgingen, wie die Sprache eskaliert ist, wie politisch und medial mit Sprache umgegangen wurde, wie Argumente strukturiert und wie mit Sprache Handlungen vollzogen oder Handlungen unterbunden wurden. Eine Betrachtung der Sprache der Krise. Das kritische „Wehret den Anfängen" gilt nicht nur den gesellschaftlichen Phänomenen, sondern gerade auch für die Art und Weise, wie wir mit Sprache umgehen, welche Metaphern wir verwenden, welche Wörter wir gebrauchen, aus der Politik entnehmen und welche Argumente wir übernehmen. Denn die Kräfte, die sich mit Sprache auseinandersetzen (Literatur, Philosophie, Kunst) haben sich vielfach auch damit beschäftigt, was die Sprache einleiten kann, wo sie hinführen kann, was sie anzeigt, was sie antizipiert: Wie wir miteinander oder übereinander sprechen, was für Begriffe wir verwenden, welche Bezeichnungen wir für unsere Freunde, insbesondere aber für unsere Feinde verwenden. Eine entsprechende Sprachkritik war jahrzehntelang die selbstauferlegte Aufgabe der Literatur, sie hat (vielfach zu Recht) die eskalierende Sprache der Rechtspopulisten kritisiert. Während Corona haben diese angeblich progressiven Kräfte, diese Warner der Spracheskalation, jedoch kläglich versagt. Renommierte Koryphäen der österreichischen und

---

[1] Vgl. https://www.jandavidzimmermann.com/megamaschine, abgerufen am 20.01. 2023.

deutschen Literatur haben den Lackmustest eben nicht bestanden. Sie haben die entgleiste Sprache nicht thematisiert, sie nicht benannt und gerade nicht das selbst auferlegte „Wehret den Anfängen" ernst genommen, was mich, ehrlich gesagt, besonders erschüttert hat. Sondern sie haben sich vielfach auf die Seite der Macht, nein, unter die Fittiche der Macht gestellt. Die Protagonistinnen und Protagonisten der Kunst- und Literaturszene werden für immer damit leben müssen: Die Kunst, insbesondere die Literatur, hat in diesen nun fast drei Jahren ihre Widerstandsimpotenz mit ihrem Schweigen und ihrem Konformismus, mit ihrer Feigheit und Heuchelei ungeschönt für die ganze Gesellschaft offenbart.

Ein weiterer Baustein neben der Sprachkritik sollte in meinen Texten jener der Wissenschaftskritik sein, weswegen ich als Namen meines Blogs den Begriff der Megamaschine verwendete – ein Terminus des US-amerikanischen Philosophen Lewis Mumford aus den 1960er Jahren, den er in seinem Buch „Mythos der Maschine" eingängig erklärt[2]. Darin geht es darum, dass die Welt durch Wissenschaft und Technik seit Jahrhunderten eine technokratische Transformation erfährt, und zwar zu „einem radikal anderen Zustand, in dem der Mensch nicht nur die Natur besiegt, sondern sich so weit wie möglich vom organischen Lebensraum abgelöst haben wird".[3] Mumford spricht dabei des Weiteren von „Megatechniken", die „eine einheitliche, allumfassende, superplanetarische, automatisch funktionierende Struktur schaffen."[4] Dieser Begriff wurde 2015 durch den Autor Fabian Scheidler in seinem kapitalismuskritischen und technikkritischen Buch[5] wiederverwendet und ist eigentlich aktueller denn je.

In meinen wissenschaftskritischen Blog-Texten sollte es nun aber nicht in erster Linie um eine Kritik an der Medizin oder den Gesundheitswissenschaften im Speziellen gehen, sondern vor allem um eine Kritik daran, wie wir in Politik, Medien

---

[2] Vgl. Lewis Mumford: Der Mythos der Maschine. Fischer 1977.
[3] Mumford 1977, S.13.
[4] Ebd.
[5] Vgl. Fabian Scheidler: Das Ende der Megamaschine. Promedia 2015.

oder überhaupt in der Gesellschaft über Wissenschaft sprechen. Was für ein mitunter naives, autoritätshöriges und szientistisches Bild von Wissenschaft vorherrschend ist, von Politik und Medien perpetuiert wird und was es mit dem Phänomen zunehmender Expertokratie auf sich hat. Dabei sollte ebenfalls die Sprache genauer unter die Lupe genommen werden, denn mit ihrer Hilfe berufen wir uns auf die Terminologie von (vermeintlicher oder tatsächlicher) Wissenschaftlichkeit.

Gleichzeitig sollten diese Themen, also Sprache und Wissenschaft, vor dem Hintergrund zweier weiterer Themenblöcke besprochen werden: jener der Geschichte und jener der Macht und Politik. Denn so wie Michel Foucault als Philosoph und Analytiker der Macht von einem historischen Apriori in seinen Untersuchungen ausging, so gehe auch ich davon aus, dass das Gegenwärtige nur durch das Vergangene erklär- und verstehbar ist. Eine ebenso einfache wie weitreichende Überlegung und Voraussetzung im Denken. Das Nachzeichnen von Macht und Machtstrukturen vor dem Hintergrund des Politischen ist vielfach konstitutiv für das Einnehmen einer historischen Perspektive, die meiner Meinung nach unbedingt notwendig ist, ja, wichtiger denn je erscheint.

Geschichtsvergessenheit und Zeitlosigkeit

Dass es diese breite historische Perspektive braucht, hat auch folgenden Grund: Die Pandemie hat uns vollends und endgültig in ein zeit- und geschichtsloses Denken katapultiert, und dieses Denken wird nun in anderen Themen-Bereichen brutal fortgesetzt. Die Geschichtsvergessenheit ist maßgeblich für das Denken der/in der Krise, oder entbirgt sich in ihr besonders, vielleicht ist es gar typisch für Krisen: Der Affekt des Augenblicks, die Erstarrung im Moment, oder, wie es der Germanist Johannes Lehmann mit Blick auf Corona bezeichnete, der „Bann der pandemischen Gegenwart"[6]. Aber eben nicht nur die Geschichtsvergessenheit, sondern auch eine grund-

---

6 Vgl. https://www.freitag.de/autoren/der-freitag/aus-dem-pandemischen-jetzt, abgerufen am 08.12.2022.

sätzliche Atemporalität, also Zeitlosigkeit, bricht sich Bahn. Die in diesem Fall negative Zeitlosigkeit scheint bis auf die Gegenwart alle anderen Tempusformen auszusparen: Plötzlich darf keines der Phänomene, die wir erleben, mit der Vergangenheit verglichen oder auch nur ansatzweise in Bezug gesetzt werden. Geschichte und Vernetzung sind mit einem Mal verboten. Kontextualisierung und das Analysieren von Strukturanalogien scheinen neuerdings verpönt. Und eine Zukunft haben wir auch nicht länger und wenn, dann nur in Form einer völligen Apokalypse, wie uns der Klimaalarmismus in Form teils extremistischer Aktivisten vorbeten will. Und obwohl viele Anliegen des Klima- und Naturschutzes nachvollziehbar und drängend (ja, dringend) sind: Die Katastrophenerzählungen der „Last Generation" verlängern den gesellschaftlichen Zustand, der Ausnahmezustand heißt. Ein präsentischer Ausnahmezustand, der mit der Pandemie begonnen hat und nun nicht mehr aufgegeben wird, weil man in ihm zu gut herrschen kann.

Angst

Leider ist der erste banale, aber fundamentale Grund für das Vergessen des Totalitären der folgende: Angst. Die Angst um das eigene Leben, die Angst um das Leben anderer Menschen. Nun ist Angst zwar in vielen Momenten nachvollziehbar und – auf kurze Zeitdauer bezogen – durchaus hilfreich, sie kann aber weder ein Erkenntnis- noch ein Lebensprinzip darstellen. Angst kann oder sollte zudem temporär sein und nicht dauerhaft. Sobald sie dauerhaft wird, wird sie pathologisch, also krankhaft. Angst und Panik können daher nicht Grundstock oder grundsätzlicher (Diskussions-)Modus einer offenen und freien Gesellschaft sein.

In einem solchen Modus des Ausnahmezustands befinden wir uns aber seit Anfang 2020, insbesondere in Österreich und Deutschland. In diese Angst haben sich Menschen eingenistet und vergraben, die immer noch alle öffentlichen Verkehrsmittel meiden, Masken tragen, sich weiterhin testen, im Freien mit der FFP2-Maske herumlaufen oder sich alle 10 Minuten die Hände desinfizieren, obwohl sie mehrfach geimpft sind und diese Impfung sie ja angeblich schützen sollte. In diese Angst haben sich Kinder eingenistet (oder besser: sind eingenistet worden), die den Schulweg zu Fuß maskiert bestreiten, oder junge, gesunde Leute, die bereits mehrmals geimpft sind und trotzdem panische Angst vor Ansteckung mit dem Coronavirus haben. In diese Angst haben sich auch Politiker hineinbegeben, die in Bus, Bahn und U-Bahn immer noch eine Maskenpflicht vorschreiben, obwohl der Rest Europas, ja, sogar der Rest des Landes Österreich darauf weitgehend verzichtet.

Diese Angst vor dem Virus war nichts Privates, keine individuelle Entscheidung, die jeder für sich so gestaltet, wie er oder sie es für nötig erachtet. Die Angst vor dem Virus war ein (An-)Zeichen, ein Signal, dass man zu den Richtigen gehört. Man MUSS und SOLL Angst haben. Modalverben sind in diesem Zusammenhang kein bloßer Zufall, sondern konstitutiv für einen pervertierten modus vivendi. Die Angst vor dem Virus ist in Österreich zur Staatsdoktrin gemacht, juristisch ausexerziert, medial und politisch ausstaffiert und vor allem ganz früh sprachlich-diskursiv etabliert und dann – was wesentlich ist – nie wieder revidiert worden. Durch Verordnungen, durch eine absurde (dann ruhend gestellte und schließlich abgeschaffte) Impfpflicht, durch die eskalierte Sprache von angeblichen Qualitäts-Medien, von Staatsoberhäuptern, Journalistinnen und Journalisten, Wissenschaftlerinnen und Wissenschaftlern oder auch Kulturschaffenden. Am Anfang von alle dem steht jedoch die Angst. Und Politik, Medien und Industrie operieren in ihrer DNA-artigen (oder sollte man sagen: mRNA-artigen?) Verflechtung mit dieser Angst.

Aber auch hier sind die Hintergründe und Intentionen[7] wohl so vielschichtig wie die Menschen selbst; Es gibt eiskalte

---

7 Intentionen von Einzelpersonen sind aus geschichtswissenschaftlicher Sicht schwer zu analysieren bzw. überhaupt schwer zu eruieren, zumal sich die Motivationen von Menschen im Laufe der Zeit und Geschehnisse stets wandeln. Besser ist es, von Interessenslagen zu sprechen.

Profiteure der Angst, die sich am Leid bereichern und durch Produkte verschiedenster Art absahnen, es gibt tatsächlich selbst verängstigte Politiker und Politikerinnen oder auch Medienleute, die Opfer ihrer eigenen Propaganda geworden sind, sowie zynische Geschäftsleute, die auf einen Mode-Zug aufspringen. So wie es auch Leute gibt, die nur Gutes tun wollen, so wie es in der Bevölkerung natürlich viele Menschen gibt, die aufgrund ihrer Vorerkrankungen und/oder ihres Alters ebenfalls Sorge in Zeiten einer ausgerufenen Pandemie hatten. Es gibt auch Menschen, die den Bezug zu ihrem Körper längst verloren haben und lieber anderen glauben, als sich selbst und ihrer Erfahrung zu vertrauen.

Krieg und Corona

Und nun folgt auf all den Corona-Wust noch ein schrecklicher Krieg, der tausende ukrainische und russische Todesopfer pro Tag fordert, der die Gesellschaften in Europa völlig durcheinanderwirbelt, der die Bedrohung eines Atomschlages wieder real werden lässt. Doch statt Deeskalation und Kontextualisierung finden wir mit einem Male jene kriegslüsterne Rhetorik, die man eigentlich nur vom Ersten Weltkrieg kannte; insbesondere vonseiten ehemals progressiver Kräfte. Und wir sehen erneut, wie die Medien und die Politik entgleisen. Statt Putin den Frieden vorzuleben, steht die (ohnehin fadenscheinig gewordene) österreichische Neutralität auf der Kippe und Deutschland zieht sich selbst in diesen Krieg hinein, obwohl die Grünen dort noch vor nicht einmal zwei Jahren betonten, sie würden niemals Waffen in ausländische Kriegsgebiete schicken. Und jeder Versuch, sich die verschiedenen Konfliktparteien kritisch anzusehen, ja, gar unangenehme, unbequeme Fragen zu stellen oder nach Interessen der anderen Involvierten zu fragen (Stichwort: Stellvertreterkrieg) wird empört zurückgewiesen.

Auch hier eine bestürzende Geschichtsvergessenheit, die alte Feindbilder wiederbelebt, Pazifismus der Lächerlichkeit preisgibt und, wo die Politik es versäumt, nach den Verwerfungen der Corona-Krise den Menschen in Zeiten von Wirtschafts- und Energiekrise dennoch Halt zu geben. Statt dem russischen Autokraten ein Europa des Friedens entgegenzusetzen, operieren Politik und Medien einmal mehr mit Spaltung, Gängelung, schwarzer Rhetorik, Verunsicherung und eingeforderter Verzichtsethik, während all die aufgestellten Regeln für sie selbst sicherlich nicht gelten werden.

Der Blick in die Vergangenheit, der Blick auf vergangene Krisen der letzten Jahrzehnte bis Jahrhunderte und die damit einhergehenden Parallelen, der breite historische Blick: Im öffentlichen Diskurs mit einem Male kaum mehr vorhanden. Eher ist das Gegenteil der Fall. Wir dümpeln von Woche zu Woche, Monat zu Monat wie auf einem alten kaputten Kahn (oder einem Narrenschiff?) vor uns hin und die politischen und medialen Verantwortlichen stellen sich weder den eigenen Verfehlungen in der jüngeren Vergangenheit noch den Verfehlungen ihrer Vorgängerinnen und Vorgänger, die viele der uns nun heimsuchenden Probleme verursachten. Der Verweis auf die Geschichte und darauf, dass Krisen nicht einfach wie Naturkatastrophen vom Himmel fallen, wird mit Kampfbegriffen, Schmähung und Verunglimpfung geahndet.

Apokalypse und Ausnahmezustand

Im Sommer gibt es Entspannung, gegen Ende des Sommers die Angst vor der Anspannung im Herbst und Winter, der einer Finsternis gleicht, die sich nicht zu lichten scheint. Massive Anspannung schließlich zur kalten Jahreszeit, nun auch noch aufgrund der drohenden Energieengpässe. Wie die gesamte europäische Entwicklung nun die nächsten Jahre weitergehen soll, während der Krieg wütet, wird eigentlich nicht diskutiert. Wir sind genau genommen schon längst im apokalyptischen Endzeitmodus. Der Zeithorizont, den wir vor uns haben, er ist wie der eines 90jährigen kranken Greises: Man ist froh, wenn man noch ein paar Monate zu leben hat oder zumindest ein weiteres Jahr übersteht. Durch die nun noch drängenderen Probleme, die durch Krieg und Wirtschaftskrise auftauchen, werden die Verfehlungen und Verwerfungen in der Hochzeit der Corona-Krise zu einer Lächerlichkeit. All das ist unbedeutend im Vergleich zu dem, was ein wirklicher (Atom-)Krieg bedeutet, und zu dem, was uns (möglicherweise) noch bevorsteht.

Das Problem hierbei ist aber: Dieser Szenenwechsel kommt gerade jenen, die die demokratiepolitischen Verwerfungen während Corona zu verantworten haben, wie auch den Corona-Hardlinern in verschiedenen Bereichen der Gesellschaft nur allzu gelegen. Die massive Verdrängung und Abspaltung der durch Corona verursachten Gesamttraumatisierung wird noch zu einem schrecklichen Ende führen, wenn man sich nicht gegen diese Verdrängung stellt, wenn man sich dem Verdrängen und Vergessen nicht verweigert, ohne dabei aber auf der Stelle stehen zu bleiben und auch ohne sich zu verhärten. Wir wissen bereits, wie lange die Schwelbrände des Autoritären andauern können, wenn man sich nicht damit beschäftigt und die Brände somit löscht. Die Dinge kommen in pervertierter und gefährlicher Weise zurück oder brechen sich destruktiv weiterhin ihre Bahn, wenn man ihnen nicht ins Gesicht sieht. Das ist die Grundlage jeder Psychologie, jeder Psychoanalyse. Wir MÜSSEN hinsehen und aufarbeiten, wir müssen uns aber auch gegen die ahistorische Denke des Technokratisch-Autoritären stellen.

All dieses unhistorische, atemporale Denken, aber auch Handeln ist einer der Gründe für viele Verfehlungen im erfolgreichen Umgang mit der Krise. Diese Schockstarre, in der wir nur mehr vom Präsentischen heimgesucht werden, andere Zeitformen jedoch vergessen (sollen?), ist eben genau das: der „Bann der pandemischen Gegenwart". Meine vorsichtige Vermutung ist, dass dieses nicht-nachhaltige und verkürzt-gegenwärtige Denken und Handeln eine der wesentlichen Stellschrauben darstellt, an denen zu drehen gewesen wäre; Man hätte vielleicht einigen Schaden abgewendet, hätte man in der Pandemiezeit nicht dermaßen atemporal – sich in einem Blindflug befindend – gehandelt und gedacht. Dann hätte man wohl oft auch die Verhältnismäßigkeit der Maßnahmen in Frage gestellt.

Der Fluss und die Finsternis

Obwohl wir so viele Beispiele aus der Vergangenheit haben, die uns als Mahnung bewusst waren und uns gezeigt haben, wie die Sprache eskaliert, wie Wissenschaft missbraucht wird, wie Medien mit Framing, Auslassung und Manipulation Propaganda betreiben und immer erst im Nachhinein die Skandale aufdecken, so ist dennoch das Vergessen über uns hereingebrochen wie eine ewige Nacht. Hat der Dichter William Blake solche Formen des Vergessens beschrieben, als er formulierte: „Some are born to endless night"?[8]

Die Perspektive der Baby-Boomer-Generation, sich etwas aufzubauen und sich etwas zu erarbeiten oder erarbeiten zu können ist derzeit eine völlige Illusion. Die Zukunft bricht vielmehr völlig weg. Mobilität, das Credo der Globalisierung schlechthin, ist streckenweise immer noch an digitale Impfpässe mit einem deutlichen Ablaufdatum geknüpft, während sich in Europa erste Pilotprojekte von Social-Credit-Systemen etablieren[9]. Der Staat dringt mehr und mehr in unsere private Sphäre ein, sammelt Daten, sagt uns, was wir zu tun oder zu lassen haben, und redet dabei mit uns wie mit kleinen Kindern.

Covid hat eine sich lange abzeichnende Tendenz endgültig entfesselt, und letztlich sind die Themen egal, mit denen sich Autoritarismen durchsetzen (wollen). Es wird schließlich darum gehen, ob man den angeblich „abgesicherten Werten"[10]

---

8 Dies schreibt William Blake in seinen Weissagungen der Unschuld („The Auguries of Innocence."). Vgl. William Blake: Zwischen Feuer und Feuer. Dtv 2007, S. 174. Der ganze Vers „Every night and every morn, some to misery are born, every morn and every night, some are born to sweet delight. Some are born to sweet delight, some are born to endless night" wurde vielfach zitiert, etwa im Doors-Song „End of the Night".
9 Vgl. https://tkp.at/2022/04/19/in-italien-erstes-europaeisches-sozialkreditsystem-kommt/, abgerufen am 30.09.2022.
10 Ich spiele hier auf den Rausschmiss von Ulrike Guérot aus der Jury des NDR-Sachbuchpreises im Jahr 2022 an. Der NDR sprach in seiner fadenscheiniger Begründung von „abgesicherten Werten", vgl. https://weltwoche.ch/daily/ulrike-

entspricht: Also dem, was von den Herrschenden vorgegeben ist, und die definieren, ob man auch wirklich konform ist. WAS die Inhalte sind, ist am Ende völlig austauschbar. Am Ende sind die Inhalte beliebig, denn es geht tatsächlich um Strukturelles, nicht um Inhaltliches. Das Autoritäre ist Struktur, nicht Inhalt, das wird gerne vergessen. Wir klammern uns an Ideologien, aber eigentlich geht es darum zu sehen, wie diese Ideologien, diese Inhalte verfolgt werden. Das Autoritäre ist das WIE, nicht das WAS.

Land in Sicht?

Ich wünsche mir, dass wir den Fluss Lethe verlassen haben, wenn dieses Buch in den Regalen steht, auch wenn ich weiß, dass es nicht von heute auf morgen passieren wird. Ich hoffe zumindest, dass dann die Zeit großer Spracheskalationen vorbei sein wird, weiß aber, dass dies eher ein frommer Wunsch denn eine realistische Einschätzung der politischen und gesellschaftlichen Entwicklungen ist.

Ich nehme an, dass das Jahr 2023 im Zeichen der Aufarbeitung stehen wird, aber die Vorkommnisse seit 2020 werden uns mit Sicherheit noch Jahrzehnte, womöglich Jahrhunderte beschäftigen. Wir sind in einer Umbruchzeit, Corona war eine tiefe Zäsur. Die Gesellschaft ist zerrüttet, traumatisiert und gespalten. Aber Vieles ist nun offenkundig geworden, scheint roh und überdeutlich in seiner entfleischten Blöße vor uns zu liegen. Wenn wir aber nicht hinsehen, wenn wir nicht schonungslos hinsehen, wird uns das noch teurer zu stehen kommen, als dies ohnehin schon geschehen ist.

Dieses Zeitdokument ist ein Versuch, einen Beitrag zu leisten in dieser unbedingt notwendigen Aufarbeitung. Es wird noch viel zu tun geben. Es wird noch vieles ans Licht kommen. Es wird noch anstrengend und schmerzhaft werden. Die Institutionen verschiedenster Art (künstlerisch, medial, politisch, wissenschaftlich, schulisch usw.) sind allesamt am Ende.

guerot-aus-der-jury-des-nrd-sachbuchpreises-rausgeworfen-auch-die-ddr-duldete-keine-abweichler/, abgerufen am 01.10.2022.

Es sind autopoietische Systeme, die Strukturen schaffen und Strukturen verwalten, die repetitiv vor sich hinblubbern, in dauerhafter Onanie gefangen. Sie schmoren bereits seit Jahrzehnten im eigenen Saft. Wir müssen in vielen, wenn nicht gar in allen Bereichen völlig umdenken.

Erst dann ist eine Krise vielleicht auch wirklich eine Chance und nicht nur politisches Gerede zur Verschleierung der eigenen Verfehlungen.

Jan David Zimmermann
Wien, Jänner 2023

MEGAMASCHINE: PORTAL FÜR WISSENSCHAFTS- UND IDEOLOGIEKRITIK

23.06.2021

„Objektivität ist die Wahnvorstellung, Beobachtungen könnten ohne einen Beobachter gemacht werden."

- Heinz von Förster [11]

Die Beobachtung von wissenschaftlichen Beobachtungen

Das Forschen macht auch vor der Forschung nicht Halt. Gegenstand der Wissenschaftsphilosophie und Wissenschaftsgeschichte ist die Wissenschaft selbst. Was ist ihr Wesen und wie entsteht wissenschaftliches Wissen? Wie sieht der Platz der Wissenschaft in der Gesellschaft aus? Wie verhält sie sich zur Politik und zur Industrie? Wie wird wissenschaftliches Wissen angewendet, wie wird es politisiert, wie wird es möglicherweise instrumentalisiert? Wie hat sich das Bild der Wissenschaft(en) im Laufe der Zeit verändert und wie verhält sie sich zum Technischen? Angesichts der Covid-19-Pandemie erscheint momentan nichts wichtiger als die kritische Analyse von Wissenschaft und Technologie und ihrer Verbindung zum Politisch-Ideologischen.

Der Fluss des Vergessens

In den letzten eineinhalb Jahren sind wir als Öffentlichkeit in den Fluss Lethe gestiegen und haben altbekannte Kritik und Analyse von Politik, Wissenschaft und Technologie (als Ideologie) vergessen oder zur Seite geschoben. Die in den philosophischen Kanon eingegangenen Werke von Hannah Arendt, Jürgen Habermas, Michel Foucault, Ivan Illich oder Herbert Marcuse, die vielfach auch gesellschaftlichen Debatten um Macht, Diskriminierung von Bevölkerungsgruppen, Kapitalismus und totalitäre Tendenzen mitprägten; sie werden nun plötzlich nicht (oder kaum) auf gegenwärtige Entwicklungen angewendet oder besprochen. Dabei sind sie aktueller als je

---

11 Heinz von Foerster: Wahrheit ist die Erfindung eines Lügners. Carl Auer 1998, S. 154.

zuvor. Illichs „Nemesis der Medizin" - eine fundamentale Kritik am kapitalistisch-neoliberalen Medizinsystem der 1970er-Jahre (!) - wirkt im Eigentlichen, als wäre es unlängst erst geschrieben worden. Foucaults Analyse biopolitischer Verfügung über menschliche Körper durch den Staat oder Hannah Arendts Frage um die Rolle technologischen Fortschritts in der Ausübung totalitärer Herrschaft besitzen eine Aktualität, die einen frösteln lässt. Und die fortschrittskritische Behandlung von Wissenschaft und Technik als Ideologie bei Habermas und Marcuse sind zwar 50 Jahre alt, aber problemlos auf die Gegenwart anzuwenden.

Auch die Dystopien von George Orwell und Aldous Huxley sind schauerliche Beispiele einer real seit Jahrzehnten vorhandenen Entwicklungstendenz. Wer aber diese literarischen Schreckensszenarien als in der Gegenwart realisiert empfindet, wird plötzlich als politischer Extremist gebrandmarkt, Skeptizismus wird mit einem Mal zu etwas Verwerflichem. Vielleicht gerade, weil die Parallelen so frappierend sind?

Die Korruption der Politik ist zu einem beträchtlichen Teil an ihrem (sichtbaren) Höhepunkt angelangt, die Glaubwürdigkeit politischer, aber auch wissenschaftlicher Akteure zum Teil völlig verschwunden.

Demonstrierende Regierungsgegner sind automatisch und per se Lebensgefährder, andere Demonstrierende dürfen ihren Anliegen hingegen ohne jegliche Einschränkungen nachgehen. Je nach politischer Gesinnung erscheint die pandemische Lage im einen Moment bedrohlich, im anderen wieder nicht.

Dasselbe gilt für Reisen und Tourismus und vor allem für angeblich notwendige Maßnahmen: Gesundheitspolitische Maßnahmen besaßen in den letzten eineinhalb Jahren derart paradoxe Strukturen, dass sich ein großer Teil der Bevölkerung fühlte, als wäre man in einen Albtraum verstrickt, der zwischen Kafka und den Schildbürgern angesiedelt ist. Die fortschreitende Spaltung der Gesellschaft - nun in Geimpfte und Ungeimpfte - wird medial weiter angeheizt, die Corona-Cash-Cow in Zeitungen ad infinitum gemolken und von ständigen

Horror-Schlagzeilen (sogar in sogenannten Qualitätsmedien) flankiert.

Das Resultat ist, dass viele Menschen aufgeben, sich ins (digitale) Biedermeier zurückziehen, die Andersdenkenden zu Idioten und Extremisten einerseits oder Systemlingen andererseits erklären, sich völlig anpassen und das Unzumutbare verdrängen, sich radikalisieren und/oder sich in absurde Social-Media-Welten flüchten.

Die Welt wird von Politik und Medien karnevalesk auf den Kopf gestellt, Werte umgewertet, die Sprache verroht dabei zunehmend, semantische Umbauten finden statt, Ausgrenzungen werden sukzessive vorgenommen und medial legitimiert. Das Philosophisch-Intellektuelle früherer Jahrzehnte wurde von einer medial und politisch kommunizierten Expertokratie abgelöst, die die Politik sich vor den Karren gespannt hat und die nun als deren Stichwortgeberin fungieren muss. Angst scheint nach wie vor das Gebot der Stunde zu sein und „Vernunft" ist, wenn man sich regelkonform verhält. Gleichzeitig sind Wissenschaft und Wissenschaftlichkeit dabei immer wieder das Referenzsystem, auf das sich die „Vernünftigen" beziehen.

Der essayistische Blog „Megamaschine" soll nun vor dem Hintergrund all dieser gesellschaftlichen Entwicklungen eine Position einnehmen zwischen den Wissenschaftgläubigen einerseits und den Wissenschaftsfeinden andererseits.

Denn was fehlt, ist eine Position der Wissenschafts- und Technikkritik, die nicht wissenschaftsfeindlich ist, die sich nicht auf Esoterik oder Ähnliches bezieht, sondern auf den berechtigten Zweifel.

Angesichts dessen, was wir als Gesellschaft seit vielen Jahrzehnten über Wissenschaft, Macht und Politik wissen, ist eine religiös anmutende und romantisierende Wissenschaftshörigkeit, die die (monotheistischen) Religionen durch einen Szientismus ersetzen, nicht angebracht, sondern bedeutet nur eine nach dem Autoritätsprinzip waltende Naivität und Vermessenheit gleichermaßen. Der Glaube, Wissenschaft und Technik könnten all unsere Probleme lösen, ist am Ende nur ein weiterer Baustein in der spätkapitalistischen Hybris des Menschen. Gleichzeitig ist auch die völlige Ablehnung des wissenschaftlichen Fortschritts eine fatale Ideologie, weil zumeist vergessen wird, dass Wissenschaft und Technik wesentliche und wichtige Elemente der menschlichen Kultur sind, ohne die wir nicht mehr auskämen.

Wissenschaftliches Wissen und Objektivität

Wichtig ist dabei, gleich zu Beginn klarzustellen: Wer sich mit Wissenschaft und Technologie beschäftigt, muss anerkennen, dass man die Wissenschaft nicht auf eine Stufe außerhalb der Gesellschaft stellen kann, dass sie nicht von einem archimedischen Punkt aus operiert, sondern dass sie ein Teilsystem der Gesellschaft darstellt. Wissenschaftliche Objektivität ist zwar eine Grundtugend des Wissenschaftlichen, diese kann aber in der Realität niemals völlig erreicht werden, weil die Wissenschaft in die Gesellschaft eingebettet und nicht von ihr abgekoppelt ist. Diese eigentlich banale Erkenntnis, nämlich, dass Wissenschaft aus Menschen besteht, hat jedoch weitreichende erkenntnistheoretische, d.h. das Wissen betreffende Konsequenzen: Wissenschaftliches Wissen wird in einem Netz an (politischen, ressourcenspezifischen sozialen, finanziellen, institutionellen usw.) gegenseitigen Abhängigkeiten in einem bestimmten Kontext produziert. Und je nachdem, wie stark oder schwach diese Interdependenzen sind, wirkt sich dies auf die wissenschaftlichen Inhalte aus, die in einem wissenschaftlichen „Denkkollektiv" mit einem ganz bestimmten „Denkstil" - die beiden Begriffe stammen von dem Immunologen und Wissenschaftsphilosophen Ludwik Fleck[12] - entstehen. Kurzum: Das wissenschaftliche Wissen baut im Wesentlichen auf Konventionen einer sozialen Gruppe in einem bestimmten Kontext auf und ist nicht automatisch oder per definitionem innovativ.

Wichtig ist auch zu sehen, dass die wissenschaftlich täti-

---

[12] Vgl. Ludwik Fleck: Entstehung und Entwicklung einer wissenschaftlichen Tatsache. Suhrkamp 1980.

gen Menschen eben keine Priester des Objektiven sind, sondern sich als soziale Wesen in einem sozialen System, einem Milieu, einer Bubble gewissermaßen, aufhalten. Sie machen mitunter Fehler, sie wurschteln herum, sie buckeln vor Autoritäten, dienen sich an, haben Affären, hantieren nach offiziellen wie auch inoffiziellen Regeln, die ihren Handlungsspielraum einengen oder erweitern, stehen mal mehr, mal weniger mit der Politik in Verbindung oder politisieren ihre Inhalte. Insbesondere Letzteres ist ein spannendes wie auch brisantes Verhältnis: Jenes von Wissenschaft und Politik („Politik" letztlich auch im weitesten Sinne). Die beiden Bereiche beziehen sich immer wieder aufeinander, legitimieren sich gegenseitig / mithilfe des anderen und sind aufeinander angewiesen; manchmal mehr, manchmal weniger.

Das angesprochene Problem mit der Objektivität sehen wir übrigens gut veranschaulicht anhand der Debatten um angebliche klare Fakten in der Datenlage hinsichtlich Covid-19. Wer sich rhetorisch profilieren und seinen Standpunkt untermauern will (egal welchen Standpunkt er in der Debatte bezieht), beruft sich immer auf angeblich unverrückbare Fakten. Klar ist jedoch, dass Daten immer erst von jemandem interpretiert werden müssen, der aus einem bestimmten Kontext heraus handelt. Daten müssen erhoben, strukturiert, interpretiert werden und werden anschließend von einer forschenden Person, die in einem institutionellen Zusammenhang (Institute, Firmen, Konzerne etc.) arbeitet, in sprachlicher Form wiedergegeben oder aber visualisiert. Dabei sind die Ergebnisse immer von demjenigen, der sie strukturiert und interpretiert sowie dem gesamten Erhebungssetting und Zusammenhang relativ abhängig. Auf den Punkt bringt dieses Dilemma der Objektivität der Physiker und Philosoph Heinz von Förster, indem er betont: „Objektivität ist die Wahnvorstellung, Beobachtungen könnten ohne einen Beobachter gemacht werden."[13]

---

13 S. o.

Konsequent zu Ende gedacht bedeutet dies, dass man immer zwei Mal hinsehen sollte, wenn sich jemand auf „klare Fakten" bezieht und somit reine, echte Wissenschaftlichkeit suggerieren will. Und erst recht kann man skeptisch sein, wenn dies die Politik tut.

„PLAY THE GAME OF CARNIVAL"*

* Vgl. Jackson C. Frank in seinem Lied „My Name is Carnival", https://www.youtube.com/watch?v=n2-Ez98tbYo, abgerufen am 28.09.2022.

09.08.2021

Die Ameise

Es hat sich gezeigt, dass alle sozialen Ausdifferenzierungen, die wir in den letzten 50 bis 70 Jahren erlebt haben und die eine Zunahme an Ordnung, eine Zunahme an Toleranz und höheren Werten, ja, vielleicht eine Zunahme an Zivilisiertheit und Achtsamkeit suggerieren sollen; dass all diese Errungenschaften und gesellschaftlichen „Fortschritte" mit einem Mal auseinanderstieben, brüchig und fragil erscheinen.

Ganz so, als wäre jemand fest und plötzlich in einen Ameisenhaufen getreten und hätte den Ameisenstaat mit diesem Stampfen, mit diesem Getrampel zerstreut. Die aufgeschreckte Ameise rennt panisch umher, für sie ist plötzlich oben unten und unten oben. Chaos herrscht, es wird wild herumgewurschtelt. Die Entropie, der Zerfall, das Abnehmen der Ordnung greift um sich. Dankbar scheint man dann denjenigen zu sein, die Kontrolle durchzusetzen versuchen, und sei es auch in drakonischer Weise und Freiheitsrechte beraubend. Denn Angst beherrscht die Insekten, sie wuseln umher. Man sieht sich – als Ameise – durch das Reisig, durch die Bruchstücke der Behausung waten und blickt nun auf den Boden. Die tief vergraben geglaubten Toten sind in Wahrheit – frei nach Thomas Bernhard in seinem Roman „Frost" – „nur von einer dünnen Tannennadelschicht bedeckt". Und man hätte nie gedacht, wie schrecklich der Anblick dieser Toten ist. Wie sehr man erschrickt vor dem, was einen mumienhaft anstarrt. Denn diese Toten der Vergangenheit sind nicht nur Knochen und Staub, sondern sie sind wie Eisleichen – kaum verwest, kaum zersetzt. Sie starren einem die Spiegelung vergangener Schrecken entgegen, die kalten Augäpfel sind noch intakt, der gebrochene Blick eingefroren. Die Schrecken, die man in diesen kalten toten Augen wie in einer Kamera zu erkennen glaubt, sind jene, als sich die Welt krümmte, als sie sich bog, als sie schwankte und schließlich vornüber kippte. Recht wurde zu

Unrecht, Gut zu Böse, Widerstand zum Querulantentum und Denunziation zur Tugend. Man glaubt sich als Ameise nunmehr in einer völlig verkehrten Welt und sieht, wie eine Komplizin der Entropie sich breit macht: Die Karnevalisierung.

Karnevalisierung und Perversion

Das Prinzip der Karnevalisierung – theoretisch besprochen von dem Kulturwissenschaftler Michail Bachtin[14] – hat grundsätzlich etwas Positives; im Fasching, im Karneval wird und wurde der König zum Narren und der Narr zum König, der Hintern zum Gesicht, das Gesicht zum Hintern. Alle tanzen und feiern gleichermaßen nebeneinander, im Suff und Rausch sind alle gleich. Der König kann seine Macht abgeben und sich unter die Bevölkerung mischen, Hierarchien werden abgebaut, das Mächtige ins Lächerliche gezogen. Dieses Prinzip der verkehrten Welt kann jedoch, in andere Bereiche gebracht, zur Gefahr werden. Politik und Medien können durch die Aneignung dieses Prinzips Gegner ausschalten und diffamieren, das Schlechte als das Gute ausgeben, das Unzumutbare als das Notwendige und das Autoritäre als das Schützende. Dieses Vorgehen gleicht dann mitunter der Täter-Opfer-Umkehr, so wie man sie von Narzissten und Psychopathen kennt, um ihr Gegenüber, das Opfer ihrer Machenschaften, in den Wahnsinn zu treiben und zu manipulieren.

Die Karnevalisierung ist an sich ein egalitäres Prinzip, sie wird jedoch an dem Punkt gefährlich, an dem sie ihr eigentliches Wesen verliert: Den Abbau von Macht und Hierarchie. Wenn sie im Gegenteil für die Zunahme der Macht verwendet und entgegen ihrem Wesen eingesetzt wird, so kann sie zu einem ertragreichen und probaten Propaganda-Mittel werden, ja, die Propaganda funktioniert dann (nicht nur, aber oft auch) über eine pervertierte Form der Karnevalisierung. Und dies unabhängig von der jeweils ideologischen, politischen Ausrichtung.

Entscheidend ist dabei auch, dass die pervertierte, nunmehr

---
14 Vgl. Michail Bachtin: Karneval und Lachkultur. Fischer 1990.

politische Karnevalisierung als Prinzip für Medien und Politik sich nicht ausschließlich in der Staatsmacht zeigt, sondern sich weiter ausbreitet und in den Einzelnen eindringt. Die karnevalisierte bzw. karnevalisierende Macht diffundiert in den einzelnen Menschen hinein und aus ihm wieder hinaus. Wie ein Nebel wabert die Macht durch die Gassen und dringt in alles ein, dampft dann wieder heraus und empor.

Jene, die sich durch diesen Vorgang irre gemacht fühlen, die sich wehren, werden gebrandmarkt, bestraft, diffamiert, verunglimpft und ausgegrenzt, generell pathologisiert oder als gefährlich hingestellt. Hierin kommt den Medien die größte Bedeutung zu: Nicht umsonst sind Medienmacher teilweise die größten Kasperlfiguren und gleichzeitige Kasperltheater-Macher. Sie leben vom (institutionalisierten) Narrentum der verkehrten Welt, die sie selbst erzeugen und vorantreiben, nicht selten als Narren-Exekutive der Politik oder Befeuerer menschlicher Urängste.

In den Reihen der Ausgegrenzten oder der sich ausgegrenzt Fühlenden finden sich nun aber tatsächlich einige, die gefährlich sind oder psychisch krank. Sie radikalisieren sich mitunter durch eine generell um sich greifende neue Art des Stammesdenkens in sozialen Medien. Dieser neue Tribalismus verstärkt sich durch das Digitale, durch die Medialisierung, genauer: Durch die Hypermedialisierung. Und die Radikalisierung mancher Ausgegrenzter wird als Grund verwendet, die nachvollziehbaren Aspekte der Wehrhaftigkeit, ja, des Widerstands, weiter zu delegitimieren und die Kette von Ursache und Wirkung in einem Akt der karnevalesken Umkehrung zu vertauschen.

Diese Delegitimation wird zuerst betrieben von der Politik und den Medien und nach erfolgreicher Diffusion schließlich von der Mehrheit der Gesellschaft. Auffällig ist, dass im Moment die eigentlichen Räume des Karnevals, die Nachtgastronomie, die Clubs und Konzerte, die Festivals und andere Räumlichkeiten rauschhafter Massenveranstaltungen geschlossen und stillgelegt sind. Vielleicht pervertiert das karnevaleske Prinzip insbesondere dann, wenn diese Räume verboten werden?

Die pervertierte Karnevalisierung und karnevaleske Umkehrung zeigen sich jedenfalls auch dadurch, dass Kritiker nicht argumentativ, sondern grundsätzlich und als Person delegitimiert werden, da ihnen zugeschrieben wird, sie seien einer „falschen" Ideologie angehörig. Dieser Vorgang findet abermals wieder in allen politischen, sich feindlich gegenüberstehenden Lagern statt.

Die Umkehr der Sprache: Von den „Hilfswilligen" und den „Impfwilligen"

Gleichzeitig ist aufgrund der oben beschriebenen Diffusion und durch das Karneval-Prinzip der Umkehrung die ansonsten wachsame und kritische Gesellschaft nicht (mehr) in der Lage, das Schlechte im Guten zu bemerken oder Parallelen mit historischen Vorgängen und Entwicklungen zu erkennen, die ansonsten gegenwärtig bei anderen Themenbereichen überall und zum Teil leichtfertig hergestellt werden. Ein Beispiel für das Nicht-Erkennen von Fragwürdigem ist der um sich greifende Terminus „Impfwillige" und „impfwillig", der völlig unkritisch verwendet und kolportiert wird. Es ist von hier jedoch assoziativ nur ein Katzensprung zum NS-Begriff „Hilfswillige", in Kurzform „HiWis", der jene Menschen beschreibt, die sich im Zweiten Weltkrieg weitgehend durch Mithilfe in der Rüstungsindustrie, aber auch durch Mithilfe an genozidalen Machenschaften in den Dienst der Wehrmacht stellten, wenn auch (oder passenderweise in Analogie zu unseren jetzigen „Impfwilligen") gezwungenermaßen. Auf diese semantische Nähe wird jedoch nicht eingegangen. Das Kürzel „HiWi" für „Hilfswissenschaftler" wird im Übrigen bis heute weitgehend unkritisch auf Universitäten und anderen akademischen Forschungseinrichtungen verwendet. Angesichts der Tatsache, dass insbesondere der Begriff „Nazi" im deutschsprachigen Raum sehr leichtfertig und salopp gebraucht wird, fallen solche Asymmetrien in der Beurteilung von Empörenswertem doch auf.

Tribalisierung

Im Fall der „Impfwilligen" schweigt die Menge der oftmals Empörten, die ansonsten stets zur Stelle ist, und – zwar teilweise völlig zu Recht – fragwürdige Begriffe wie „Volk", „Heimat" oder rassistische Bezeichnungen und Begriffe kritisierte, nunmehr aber ebenso in tribalisierter Form gegnerische Stämme (d.h. andere Meinungen) unterbinden möchte. Dies ebenfalls wieder mit Mitteln der Delegitimation des Anderen, der Anderen. Es gibt dann eben nur den eigenen Stamm und alle anderen werden abgelehnt und verteufelt, indem sie als moralisch verkommen dargestellt werden. Daran sieht man grundsätzlich, dass die um sich greifende Identitätspolitik (welcher Couleur auch immer) im entscheidenden Moment leicht zum Rohrkrepierer werden kann, weil sie sich in einer pluralistischen Gesellschaft durch das Stammesdenken selbst lähmt, Kritik und Kritikfähigkeit nur außerhalb der eigenen Stammesgrenzen zulässt und Empathie für sowie Handlungsspielraum in andere(n) Erfahrungs- und Lebenswelten zu Fremdwörtern werden. Diese Identitätspolitik arbeitet aber der politischen Karnevalisierung perfekt zu und irgendwann lassen sich die Gewänder und Verkleidungen nicht mehr abnehmen; die Masken werden mit unserem Gesicht verwachsen sein, die Narrenkappen auf unseren Köpfen als Zeichen einer verdrehten Welt lassen sich nicht mehr entfernen. Dies soll an dieser Stelle kein Vorwurf der Dummheit sein, sondern viel eher ein Vorwurf, dass sich im schlimmsten Fall durch die karnevaleske Umkehrung zwei extreme Lager bilden, wobei in beiden die Umkehrung wirkt und waltet: Das Lager der ausgegrenzten Personen fällt einem Gaslighting im psychologischen Sinne zum Opfer, sie werden wahnsinnig (gemacht) und/oder gefährlich. Sie zertrampeln trotzig die Narrenkappe und schlagen um sich. Das andere Lager wird – auch im psychologischen Sinne – einer durch die karnevaleske Umkehrung vonstatten gehenden Gehirnwäsche unterzogen. Diese Menschen tragen die Kappe schließlich nicht nur freiwillig, sondern gar mit Stolz und zeigen regelmäßig, was für brave Bürger sie sind. Im letzten Jahr kam ein gern gesehener Akteur ins Spiel, der bei all den zuvor beschriebenen Vorgängen immer wieder mithalf und nun auch wieder mithilft. Zum Teil instrumentalisiert, zum Teil sich aber auch selbst instrumentalisierend: Die Rede ist von der institutionalisierten Wissenschaft.

Wissenschaft als Religion und Herrschaftsmittel

Die Wissenschaft als echte oder vermeintliche Instanz der Vernunft hilft gegen die Entropie, sie hilft gegen die toten Blicke der Eisleichen. Die Wissenschaft erklärt sich in den Medien und hilft im gegenwärtigen Fall, die pandemische Lage zu erklären. Die Wissenschaft hilft, die „Wahnsinnigen" und „Irren" zu erklären, die Verschwörungstheoretiker und Gefährder. Der Vorteil für Wissenschaft und Politik heute im Gegensatz zu vergangenen Epochen: Wissenschaft und vor allem Wissenschaftlichkeit (was auch immer darunter zu verstehen ist) haben den Status einer Religion angenommen, auf die sich die Mächtigen beziehen können. Operieren wir mit Wissenschaftlichkeit, so kann angeblich nichts schief gehen. Und nur die Wissenschaft und die Technik können uns retten, nichts sonst. Wissenschaftliche Experten werden zu allen möglichen Themen befragt, jeder, der sich abseits seines Themas äußert, gilt anschließend als unseriöser Wissenschaftler. In einer hochkomplexen Welt und Gesellschaft, wo alles miteinander verbunden ist, nützt es aber nicht, nur auf einen Bereich zu starren oder die Welt in Einzelteile zu zerlegen. Das Bild, das die Wissenschaft von der Gesellschaft, vom Menschen, von seiner Umgebung usw. zeichnet…es ist jedoch ein fragmentiertes. So wie der medizinische Kniespezialist nur aufs Knie blickt und der Kardiologe nur aufs Herz, so geben wir unser komplexes wirtschaftliches und soziales Leben in die Hände von Spezialisten und Fachidioten, die ständig eine Unmenge an Wissen anhäufen, unentwegt. Fachidioten für einen engen und kleinen Untersuchungsbereich, deren Spezialisierung in vielerlei Hinsicht sicher legitim und wichtig, nachvollziehbar und mitunter erstrebenswert ist. Man muss jedoch skeptisch sein, wenn uns von politischer Seite nahegelegt wird, dass rede- und entscheidungsberechtigt ausschließlich (von der Politik abhängige) Experten sind und wenn wir uns in die Richtung einer technik- und medizinbasierten politischen Expertokratie bewegen, ebenfalls wieder von Zersplitterung und Tribalisierung geprägt. Denn was vor uns passiert, scheint folgendermaßen abzulaufen: Wir starren auf einen japsenden Kopf mit verdrehten Augen, aber der darunterliegende ausblutende Körper ist für uns von einer Trennwand verdeckt, wir wissen nicht, warum der Kopf japst, was ihm fehlt und wie der Körper und der Kopf verbunden sind. Unser Blick ist ein fragmentierter und spezialisierter. Die Spezialisierung der Wissenschaft passt perfekt zur Tribalisierung in der Gesellschaft, zu dieser Zersplitterung. Und die Medien beziehen sich auf das heilige wissenschaftliche Experten-Wissen, verkürzen es, mischen es neu, produzieren im selben Atemzug jedoch eine Menge an Nicht-Wissen oder Halb-Wissen, mit dem auch die Politik in einem Akt der Rückkopplung operiert. Durch die Hypermedialisierung findet keine wirkliche Aufklärung statt, sondern die Menschen sind durch die schiere Menge an Informationen und Meldungen überfordert, erschöpft und desillusioniert. Irgendwann geben sie auf und lassen sich auf den Karneval ein, manche früher, manche später, ziehen sich in eine naive Staatsgläubigkeit und Staatshörigkeit, in ihre Echokammern oder in ihr Neo-Biedermeier zurück. Einige drehen durch; manche laut, manche leise. Die Wissenschaft, die als Akteurin und Stichwortgeberin auftritt, verwendet, ja, missbraucht wird; dahinter steckt etwas, was die Wissenschaft seit Jahrhunderten macht. Sie ist nicht weniger als ein Mittel zur politischen und expansiven Legitimation und Delegitimation und in ihrer modernen Form von jeher mit der Politik verbunden. Sie unterstützte Herrschaft durch ihre Forschung, sei es bei Forschungsreisen in die Polregionen, sei es im kolonialen Kontext, sei es durch Aufsätze und Reden, sei es durch Sprachaufnahmen in besetzten Gebieten oder durch die anthropologische Vermessung von Gefangenen. Auch heute unterstützt sie Herrschaft und Politik, und wenngleich diese Zusammenhänge gegenwärtig in anderer Form vorliegen, so hat sich nichts daran geändert, dass Wissenschaft und Politik eng miteinander verbunden sind, ja, sich in vielen Fällen noch Industrie und Konzerne als Akteure hinzugesellen. Die Wissenschaft ist in Wahrheit viel unfreier, als man glauben möchte, sie ist sich der Involvierung nicht immer bewusst oder versteckt sich hinter einer potemkinschen freien Lehre, einer intellektuellen Hermetik, hinter einer fachlichen Spezialisierung und oftmals zweifelhaften Objektivität. Aber der enge Griff des Staates und die Peitsche der Industrie feuern sie weiter an, und das schon jahrhundertelang. Und viele Wissenschaftler stellen sich daher durch diese Abhängigkeit und Involvierung zum geeigneten Zeitpunkt in den Dienst der karnevalesken Umkehrung. Auch dies kann man in den Augen der Eisleichen ablesen. Auch früher war dies schon so. Am Ende all dieser gesellschaftlichen Entwicklungen steht, dass die Mehrheit der Gesellschaft an die Umkehrung und Karnevalisierung derart gewöhnt sein wird, dass nach der Krise nicht das große Umdenken und Reflektieren stattfindet. Stattdessen wird die Propaganda des politischen Faschings derart gefruchtet haben, dass sich niemand einer Schuld bewusst sein wird, der in die Fallstricke propagandistischer Gehirnwäsche gelangt ist. Am Ende hat sicher, trotz der vielen Berichte und trotz der Meeresflut an Information, niemand irgendetwas gewusst.

MEGAMASCHINE: WISSENSCHAFT UND TECHNIK ALS IDEOLOGIE

18.08.2021

Was ist eigentlich die „Megamaschine"?

Der Blog „Megamaschine" möchte sich begrifflich lose auf die Wissenschafts- und Technikkritik des US-amerikanischen Wissenschaftlers und Philosophen Lewis Mumford beziehen, der mit der Megamaschine ein durch Technologie, Wissenschaft und Industrie hervorgerufenes gesellschaftliches System bezeichnet, das den Menschen funktionalisiert und ihm eine nachhaltige und selbstbestimmte Lebensweise erschwert oder diese verhindert.[15] Dabei ist die Megamaschine eine Entwicklung, die mit der industriellen Revolution begann und – so Mumford – den Werkzeuggebrauch des Menschen in seinem anthropologischen Selbstverständnis maßlos überbewertete. Die Idee der Megamaschine ist aber bei Mumford nicht ein Phänomen in Bezug auf einen Einzelstaat, sondern bezeichnet die schrittweise historische Entwicklung der Welt hin zu einem (gewissermaßen) zentralistischen (und gleichzeitig globalistischen) Welt-Gebilde, das die Gesellschaft(en) durchtechnisiert. Mit dieser Technisierung einher geht ein mechanistisches und von Technokratie und Fortschrittsglauben geprägtes Welt- und Menschenbild, genährt von neoliberal-kapitalistischen Wirtschaftssystemen und deren ökonomischen Zwängen. Mit der Ökonomisierung des Medizinsystems und der in den letzten Jahrzehnten zunehmenden, unhinterfragten Digitalisierung (und Automatisierung) der gesellschaftlichen Teilsysteme sowie den Monopolstellungen digitaler Tech-Konzerne wirken Mumfords Beschreibungen aus dem Jahr 1967 hochaktuell. So wie ich an anderen Beispielen noch zeigen werde, war das Ende der 1960er Jahre gewissermaßen die Hochzeit technikkritischer Auseinandersetzungen, die jedoch in ihrer Klarheit und Schärfe in den Jahrzehnten danach nicht mehr auftauchten.

In einer Gegenwart, in der die Kritik an der Herrschaft des

---

15 Lewis Mumford: Mythos der Maschine. Kultur, Technik und Macht. Fischer 1977. Erschienen ist das Original aber 1967.

Digitalen automatisch mit Kulturpessimismus assoziiert wird, erscheint es daher umso notwendiger, dass Positionen gehört werden, die eine Reflexion über den Weitergang solcher fragwürdigen Entwicklungen einfordern und – milde ausgedrückt – zumindest gelegentlich die Frage nach dem Sinn und Unsinn des Digitalen stellen dürfen, ohne gleich mit einer Zurück-zur-Natur-Verzichtsethik in Verbindung gebracht zu werden. Ein solcher Rückzug in die Natur kann allein deswegen schon nicht ernsthaft propagiert werden, weil der hier zu lesende Blog ja online und nicht auf Papier erschienen ist. Man ist also auch als Technikkritiker auf die Technik angewiesen und muss mit diesem Umstand leben lernen. Das bedeutet jedoch nicht, dass nicht gleichzeitig Probleme aufgezeigt werden können, die ganz klar mit dem Technischen zusammenhängen. Es erscheint hingegen als religiöses Überbleibsel, dass man immer nur bejahend dasjenige beweihräuchern muss, in das man selbst hineinsozialisiert ist; Der Künstler muss ausnahmslos die Kunst lieben, der Wissenschaftler die Wissenschaft, der Techniker die Technik. Ich sehe es jedoch anders: Gerade, weil man die eigene Sozialisation so genau kennt, kann man die jeweiligen Systeme kritisch untersuchen und Selbstbeobachtung betreiben. Und Wissenschaft und Technik (aber auch die Kunst) sollten dies im Besonderen tun, denn ihre Aufgabe ist das Forschen, das Hinsehen, das Reflektieren. Aber durch die Reglementierungen und Institutionalisierungen haben die Wissenschaften auf Universitäten und Akademien vermutlich zu einem Großteil vergessen, was es heißt, wirklich zu forschen. Dennoch kann es grundsätzlich niemals absurd sein, wissenschaftliche Bildung erfahren zu haben und zugleich die Wissenschaft zu kritisieren, so wie man auch Philosoph sein kann und die Philosophie, nein, noch besser: die Philosophen kritisiert. In dieser Weise hat es auch Mumford betrieben.

Wissenschaft und Technik als Ideologie

Ein wesentlicher Baustein, um das Konzept der Megamaschine zu begreifen. ist der folgende: Wissenschaft und Technik sind die benötigten Leitideologien in dieser Entwicklungstendenz. Aber wie wurden sie zu diesen Leitideologien? Dafür muss man in der Geschichte weiter zurückgehen.

In den letzten zwei Jahrhunderten wurden - salopp formuliert - die klassischen Religionen mit ihrer ehemaligen Vormachtstellung zur ideologischen Welterklärung in den Hintergrund gedrängt und seither haben sich die Wissenschaften und damit die Vorstellung von „der" Wissenschaft (=Wissenschaftlichkeit) in weiten Teilen der westlichen Welt als Grundkonsens verbreitet. Wissenschaft gilt als gut, richtig und erkenntnisgeleitet, den Wissenschaftlern schenkt man Glauben und schreibt ihnen eine Autorität zu, die früher nur Priester innehatten.

Viele Vertreter der Aufklärung haben (durchaus nachvollziehbar) seit dem 18. Jahrhundert mit ihrer Forderung nach Rationalismus und Objektivität versucht, Aberglaube und religiösen Dogmatismus zu beseitigen, und ohne Frage sind viele medizinische und technologische Errungenschaften – ebenso wie die Etablierung moderner Staatsformen – für Wohlstand, Gesundheit und Fortschritt verantwortlich. Aber wer sich mit den Wissenschaften als soziales, politisches (und schließlich auch: wirtschaftliches) System beschäftigt und sie im historischen Kontext betrachtet, der kommt nicht umhin, die Kehrseite(n) zu erkennen, die mit dem Wissenschaftlichen zusammenhängen: Autoritarismus, Obrigkeitshörigkeit, Konformismus, Ausbeutung, Kolonialismus, Imperialismus, Zerstörung, Gewalt, Vernichtung. Theoretiker und Philosophen wie Jürgen Habermas oder Herbert Marcuse, aber auch Literaten und Intellektuelle haben die dystopischen Züge der Wissenschaft vielfach analysiert und beschrieben. Gerade nach den Schrecken der Weltkriege, nach dem Einsatz von Giftgas, der Entwicklung der Atombombe, dem massenweisen Transport von Menschen durch ein ausgeklügeltes Bahnnetz und der Ermordung ebendieser Menschen im Holocaust-System der Konzentrationslager war nach 1945 die Zerstörungskraft von Wissenschaft und Technologie (als Ideologie) mehr als evident, und jene Philosophen und Intellektuellen, die den Zweiten oder gar beide Weltkriege miterlebt hatten, rückten ebendiese Zerstörungskraft in den Fokus ihrer sozialkritischen Betrachtungen und Reflexionen. Für sie war klar, dass die Wissenschaft als Herrschaftsmittel eine gefährliche Ideologie zur Durchsetzung des Grauens unter dem Deckmantel des Notwendigen und Rationalen war.

Wenn man die Zerstörungskraft des Wissenschaftlich-Technischen betrachtet, richtet sich diese in erster Linie gegen die Natur und anschließend gegen den Menschen selbst als Mittel der Herrschaft.

Der Philosoph Herbert Marcuse beschreibt die Prinzipien moderner Wissenschaft in seinem Werk „Der eindimensionale Mensch" (1964) unmissverständlich folgendermaßen:

> **Die wissenschaftliche Methode, die zur stets wirksamer werdenden Naturbeherrschung führte, lieferte dann auch die reinen Begriffe wie die Instrumente zur stets wirksamer werdenden Herrschaft des Menschen über den Menschen vermittels der Naturbeherrschung. [...] Heute verewigt und erweitert sich die Herrschaft nicht nur vermittels der Technologie, sondern als Technologie, und diese liefert der expansiven politischen Macht, die alle Kulturbereiche in sich aufnimmt, die große Legitimation.**[16]

Dabei bezeichnet Marcuse jenes Vernunftprinzip, welches in der wissenschaftlichen Methode zum Einsatz kommt, als technische Vernunft, ein Begriff, der sich einerseits auf Max Horkheimers Begriff der instrumentellen Vernunft und andererseits auf Max Webers Begriff der Zweckrationalität bzw. Rationalisierung bezieht. Die technische Vernunft der modernen Wissenschaft(en) vollzieht sich bei Weber/Marcuse durch Kontrolle und menschliche Beherrschung der Natur, damit

---
16 Herbert Marcuse: Der eindimensionale Mensch. Luchterhand 1967, S.89.

aber eben auch gleichzeitig mittels Herrschaft des Menschen über den Menschen, und sorgt so für große Unfreiheit, obwohl Wissenschaft und Technik sich als frei und unabhängig gerieren. Marcuse schreibt weiters:

> In diesem Universum liefert die Technologie auch die große Rationalisierung der Unfreiheit des Menschen und beweist die 'technische' Unmöglichkeit, autonom zu sein, sein Leben selbst zu bestimmen. Denn diese Unfreiheit erscheint weder als irrational noch als politisch, sondern vielmehr als Unterwerfung unter den technischen Apparat, der die Bequemlichkeiten des Lebens erweitert und die Arbeitsproduktivität erhöht.[17]

Auf Marcuses Ausführungen bezieht sich auch sein philosophischer Schüler Jürgen Habermas. Habermas beschreibt in seinem Aufsatz „Technik und Wissenschaft als Ideologie" (1968), wie die Verwissenschaftlichung der Gesellschaft durch den Spätkapitalismus vorangetrieben wurde. Der dabei ideologisch propagierte technische sowie wissenschaftliche Fortschritt steuere jedoch nach Habermas auf ein Ziel zu, das niemandem mehr zugänglich ist, wobei auch die Lösung technischer Aufgaben nicht auf Diskussionen in der Öffentlichkeit angewiesen sei.[18]

Konsequent zu Ende gedacht bedeutet dies, dass auch die Mitsprache der Öffentlichkeit am Technischen nicht mehr oder kaum vollzogen wird und das Technische in seiner Durchsetzung eine Eigenständigkeit bekommt, die sich von demokratischen Prozessen abkoppelt. Eine Analogie lässt sich leicht hinsichtlich der Digitalisierung oder der Fragen Künstlicher Intelligenz (KI) herstellen: Welche Daten am Ende in der Verwaltung, in den Serverfarmen elektronisch gespeichert, verknüpft und algorithmisch angeordnet werden, entzieht sich der breiten Öffentlichkeit, ja, mitunter gar den Nutzern (und Erzeugern) des Technischen selbst.

---

17 Ebd.
18 Jürgen Habermas: "Technik und Wissenschaft als 'Ideologie'" in: Technik und Wissenschaft als 'Ideologie'. Suhrkamp 1968, S.48-103, hier: S.78.

Viele dieser Phänomene hat Mumford in seinem Buch über den Mythos der Maschine beeindruckend vorweggenommen. Und gerade das Präfix „mega" erscheint dabei adäquat die menschlich-technische Selbstüberschätzung zu beschreiben.

DIE WIDERSTANDSIMPOTENZ DER „LINKEN": DIE DRECKIGE PRAXIS

22.09.2021

Die Endlosliste der Verfehlungen

Es hätte in den letzten eineinhalb Jahren dutzende Gründe für linke Gruppierungen gegeben, um gegen die österreichische Regierung und deren Corona-Maßnahmen zu demonstrieren, aufzustehen, sich zu empören: Wann, wenn nicht in dieser Zeit, wäre der Punkt für echten linken Protest gekommen?

Wir haben zum Teil rechts- und verfassungswidrige Verordnungen und Erlasse erlebt, ein (EU-)Impf-Debakel, das seinesgleichen sucht, ständige leere Versprechungen über das Licht am Ende des Tunnels und darüber, dass die nächsten zwei Wochen entscheidend sein werden. Wir erlebten andauernde Vertröstungen, dass, wenn wir uns jetzt noch einmal anstrengen und alles zusperren, dass dann alles geschafft ist. Wir erlebten intransparent kommunizierte politische Entscheidungen und regelmäßige Lockdown-Verlängerungen im Wochen-Schritt. Staatshilfen kamen zum Teil nicht oder nur schleppend an, hunderttausende Menschen sind immer noch arbeitslos oder waren monatelang in Kurzarbeit, gleichzeitig gibt es immer noch keine klare rechtliche Handhabe zur Homeoffice-Pflicht zum Schutz der Arbeitnehmer. Kinder wurden immer wieder ins Homeschooling geschickt, sehr zum Leidwesen überforderter und gestresster Eltern. Die Kinder- und Jugendpsychiatrie war voll, die sozialen und psychischen Kollateralschäden noch gar nicht absehbar oder wollen gar nicht gezählt und auf einem Dashboard sichtbar gemacht werden. Und nun kommt der nächste Herbst und wieder spitzt sich die Lage in den Schulen zu; es scheint, als hätte die gesamte Politik seit dem letzten Jahr nichts getan, um den Kindern eine halbwegs reibungslose Schulzeit zu ermöglichen.

Paketdienst-Mitarbeiter, Arbeiter in der Fleischindustrie und andere Benachteiligte waren in den Spitzen der Pandemie besonders von Corona-Clustern betroffen und konnten sich nicht in die Bobo-Eigentumswohnung oder auf den Landsitz der Pensionisten-Eltern zurückziehen, sondern stapelten sich im Lockdown zu Dutzenden in ihren Zweizimmerwohnungen. Wenn eben jene dann die Maßnahmen ignorierten und in Parks abhingen oder sich nicht in den Test-Dschungel der kurz'schen Teststraßen begaben, wurden sie nicht selten von Gebildeten und Spießern als Schuldige an der Corona-Situation denunziert. Eben jene privilegierten Personen sind es dann, die – meist kinderlos – im Homeoffice und/oder in abgesicherter beruflicher Stelle mit Verachtung auf Anti-Corona-Demonstranten schimpften, ihnen auf Social Media eine Verweigerung des Intensivbettes an den Hals wünschten oder sich selbst in altbekannter Tugendprahlerlei auf Instagram und anderen Social-Media-Kanälen als impfwillige, solidarische Maskenträger stilisierten.

Und während der seit dem Kriegsende aufgebaute Wohlstand der Zweiten Österreichischen Republik vernichtet wurde und die Gesellschaft in verschiedene Lager zerbrach, war (bzw. ist) die Regierung mit Verwicklungen in Korruption, Maskenskandale, Nepotismus und Postenschacherei beschäftigt. Der Bundeskanzler und sein Kabinett logen, lavierten herum, verbreiteten Propaganda[19] oder halsten alle Verantwortlichkeiten im entscheidenden Moment dem Gesundheitsministerium und dessen Beamten auf, um besser dazustehen.[20]

Diejenigen, die am meisten unter all dem litten, waren Menschen im Prekariat, Klein- und Kleinstunternehmen, Selbstständige und benachteiligte Familien und insbesondere auch: Kinder.

Intensivbetten und Pflegekräfte wurden innerhalb dieser eineinhalb Jahre nicht aufgestockt, Pflegepersonal nicht umgeschult und auch nicht besser bezahlt. Rückblickend ist es auch völlig evident, dass es viel zu lange gedauert hat, bis die Alten und Kranken in den Pflegeheimen wirklich geschützt waren.

---

19 Dies beginnt bei den angeblichen 100000 Toten zu Beginn der Pandemie , vgl. https://science.orf.at/stories/3200763/ , abgerufen am 13.04.2021 und setzt sich unentwegt fort, etwa bei den plötzlichen Entscheidungen rund um die Massentests ab letzten November, vgl. https://zackzack.at/2020/11/26/sebastian-kurz-propaganda-statt-gesundheit-das-massentest-chaos/, abgerufen am 13.04.2021.
20 https://www.derstandard.at/story/2000125035412/clemens-martin-auer-ein-schwarzes-feindbild-fuer-den-kanzler, abgerufen am 13.04.2021.

Das PR-Budget der Regierung überstieg das der eingekauften Impfdosen um 10 Millionen[21] und die Deckelung der Impfstoff-Kosten führte zu einem kleinen, aber schnell vergessenen Polit-Skandal neben der Flut anderer Skandale rund um Finanzminister Gernot Blümel[22]. Und nun haben wir seit einigen Wochen und Monaten die nächste gesellschaftliche Eskalationsstufe erlangt: Die mediale, politische und gesamtgesellschaftliche Diskriminierung jener, die sich nicht impfen lassen (wollen). Dabei wird eine Sprache verwendet, werden Maßnahmen denkbar und sagbar, die man sich nicht hätte träumen lassen. Mit dem Gerede von Mindestsicherungskürzungen für „Impfverweigerer"[23] oder Selbstbehalt bei der Inanspruchnahme eines Intensivbettes als Ungeimpfter[24] haben diese Diskussionen einen traurigen Höhepunkt bekommen, der mit einer Solidargemeinschaft nichts mehr zu tun hat. Von angeblich linken Medien wie dem Standard werden solche unethischen Diskussionen jeden Tag aufs Neue weitgehend unkritisch perpetuiert.

Die Liste der Verfehlungen ließe sich endlos fortsetzen. Wo aber ist der linke Protest zu all den Dingen? Warum gibt es keine Donnerstagsdemos wie damals zur Zeit der schwarzblauen Regierung im Jahr 2000? Wo sind die sonstigen Berufsdemonstranten gegen die Regierung und gegen die Spaltung der Gesellschaft? Seit wann finden wir es legitim, offen über die Diskriminierung von (zudem sehr heterogenen) Bevölkerungsgruppen zu diskutieren und eine solche Diskriminierung ethisch rechtfertigen zu wollen, wie dies in der Wochenzeitung „Die Zeit" am 23.Juli diesen Jahres geschehen ist?[25]

---

21 https://kontrast.at/pr-budget-kurz/, abgerufen am 13.04.2021.
22 https://kurier.at/politik/inland/spoe-fpoe-und-neos-kritisieren-unisono-200-millionen-euro-impfdeckel/401331162, abgerufen am 13.04.2021.
23 https://www.derstandard.at/story/2000129767490/regel-fuer-ungeimpfte-arbeitslose-trifft-bezieher-der-mindestsicherung, abgerufen am 22.09.2021.
24 https://www.derstandard.at/story/2000129482419/sollen-ungeimpfte-auf-intensivstationen-zur-kasse-gebeten-werden, abgerufen am 22.09.2021.
25 Vgl. https://www.zeit.de/zustimmung?url=https%3A%2F%2Fwww.zeit.de%2Fgesellschaft%2F2021-07%2Fcorona-impfung-pflicht-ethik-massnahmen-grundrechte, abgerufen am 23.08.2021.

Zweierlei Maß in der Frage der Solidarität

„Black Lives Matter" versammelte im letzten Sommer tausende Personen zu einem Protest mit einem verständlichen und wichtigen Anliegen, wenn auch vielfach ohne Masken; beim „richtigen" Thema war ein schleißiger Umgang mit dem Tragen des Mund-Nasen-Schutzes plötzlich kein Problem mehr.[26] Auch fanden im Frühjahr 2021 in Wien Klimademonstrationen statt, und das inmitten der Covid-Krise. Gleichzeitig wurde das alte Thema rund um Karl Luegers antisemitische Politik als Wiener Bürgermeister der 1920er Jahre wieder ausgegraben und heftiger Aktivismus von linker Seite betrieben, indem das Denkmal in infantiler Weise mit dem Wort „Schande" besprüht wurde.[27] All diese Demonstrationen sind zwar verständlich und greifen grundsätzlich wichtige Themen auf. Auch eine gut sichtbare und umfangreiche Neu-Gestaltung / kritische Kommentierung des Lueger-Denkmals, abseits der zaghaften kleinen Schautafel, scheint legitim und überfällig.

Sicherlich frage ich naiv (und gewissermaßen rhetorisch), aber: Wieso fokussieren sich linke Gruppen auf all diese Themen, schweigen sich beim Corona-Komplex jedoch aus? Wo waren die Solidaritätsbekundungen mit der Gastronomie und den Arbeiterinnen und Arbeitern, die Solidarität mit den kleinen Plattenläden und Buchhandlungen, zu denen wir so gerne einkaufen gehen, wo die Kritik an den vielfachen Freiheitseinschränkungen und Überwachungsmaßnahmen? Wo das Aufstehen gegen Kurz und Blümel, gegen die Korruption und die Scheinheiligkeit, gegen die Pseudo-Solidarität und falsche Panikmache? Wo der linke Protest gegen das kurz'sche Angstpapier?[28]

---

26 Dieselbe Maskenlosigkeit stellte sich übrigens auch bei der Regenbogenparade in Wien her; während Politiker wie der SPÖ-Stadtrat Peter Hacker vor der angeblich gefährlichen Delta-Variante warnten, feierten tausende Menschen eng umschlungen, ohne Tests und Maske. https://www.derstandard.at/story/2000127556180/heisse-stimmung-bei-der-parade-fuer-gleiche-rechte-der-lgbtiq , abgerufen am 23.08.2021 sowie https://wien.orf.at/stories/3108728/ , abgerufen am 23.08.2021. War nun Delta gefährlich oder nicht?
27 Vgl. https://www.vienna.at/umstrittenes-lueger-denkmal-wien-ueberlegt-konzept-fuer-umgang-damit/6950108, abgerufen am 23.08.2021.
28 Vgl. https://orf.at/stories/3163480/, abgerufen am 14.04.2021.

Die Probleme rund um den Corona-Komplex sind im Eigentlichen ur-linke, ja, wären regelrecht marxistische Anliegen: Es geht um nicht weniger als um die Produktionsbedingungen, um die Umstände arbeitender Menschen, um Herrschaftsverhältnisse, um armutsgefährdete, prekär lebende Menschen mit Migrationshintergrund, um kleine regional tätige Unternehmerinnen und Unternehmer und um Arbeiter und Arbeiterinnen verschiedener Art.

Die Delegitimation des Protests

Die einzigen Demonstrationen, die sich um all diese Belange zu kümmern schienen, waren aber jene, deren Teilnehmer von den Medien gerne immer wieder semantisch als Cornonaleugner, Rechtsextreme und Neonazis gerahmt wurden und werden.[29] Freilich ist der Vorwurf nicht völlig aus der Luft gegriffen, schließlich handelte es sich bei dem Organisator einiger Demos, dem Kärntner Martin Rutter, um einen ehemaligen BZÖler[30], der wegen Verhetzung verurteilt wurde.[31] Des Weiteren hatten sich Anhänger der Identitären und die Kickl-FPÖ-Linie dem Protest angeschlossen und verwenden Corona-Kritik als Aufhänger für ihre politische Agenda. Gleichzeitig ist es absurd zu behaupten, die Teilnehmer solcher Demonstrationen bestünden nur aus Rechtsextremen und Neonazis: Die Zusammensetzung der Demonstranten war sehr heterogen und den Protesten hatten sich viele Menschen angeschlossen, die nicht durch linke Demonstrationskultur sozialisiert sind, sondern denen es um die momentanen unverhältnismäßigen Maßnahmen und um das deutlich sichtbare Versagen der gesamten Politik ging; quer durch alle Bevölkerungsschichten, quer durch alle Altersgruppen geht der Unmut mit der politischen Situation. Diese Menschen werden jedoch medial allesamt mit

---

29 https://www.derstandard.at/story/2000124755859/corona-demos-am-samstag-ohne-distanz-zum-rechtsextremismus, abgerufen am 13.04.2021.
30 Das BZÖ - Bündnis Zukunft Österreich ist eine rechtspopulistische Partei, die 2005 rund um Jörg Haider, ehemals FPÖ, gegründet wurde.
31 https://www.derstandard.at/story/2000124949718/demo-organisator-gegen-corona-massnahmen-wegen-verhetzung-verurteilt, abgerufen am 13.04.2021.

den Labels „Corona-Leugner", „Impfgegner", „Rechtsextreme" und „Neonazis" verunglimpft und mit Floskeln wie „Neonazis wie Küssel, Martin Sellner und andere Rechtsextreme" beschlagwortet, oder es wurde ihnen vorgeworfen, dass sie mit solchen Personen zusammen auf die Straße gehen. Verstanden wird offenbar nicht, dass die Heterogenität der Demonstranten für die Authentizität des Protestes spricht und dafür, dass die Belange ernst zu nehmen sind, auch wenn sich fragwürdige Personen darunter befinden, die Corona als „Plandemie" bezeichnen, grundsätzliche und radikale Impfgegner sind oder tatsächlich dem rechtsextremen Spektrum angehören und die Demos okkupieren wollen.

Das (mediale) Framing der gesamten Demonstrierenden als Rechtsextreme erschien jedoch von Beginn an eher eine grundsätzliche De-Legitimationsstrategie der Proteste zu sein denn eine wirkliche Auseinandersetzung mit den Demonstranten. Dass sich ein genaues Hinsehen lohnen würde, hat sich auch hinsichtlich der Querdenker in Deutschland als ertragreich herausgestellt und gezeigt, dass die Sache eben nicht so einfach ist, wie man sie sich wünscht oder journalistisch herbeischreibt.[32]

Aber anstatt ebenfalls maßnahmenkritische und regierungskritische Demonstrationen zu organisieren, denen sich das Gros der Menschen anschließen könnte und so der Vereinnahmung durch Rechtsextreme Einhalt zu gebieten, fallen linke Gruppierungen nur durch Gegendemonstrationen gegen die von ihnen so gehassten „Nazis" auf. Dass sie dabei ebenfalls gegen die realen Sorgen ihrer Mitmenschen (abseits der tatsächlich vorhandenen Rechtsextremen) auftreten, scheint ihnen wieder mal zu entgehen. Im Fall von Corona vollzieht sich von „linker" Seite etwas, was schon seit einigen Jahren, wenn nicht gar Jahrzehnten augenscheinlich ist, auch bei den Themen Migration und Islam verschlafen wurde und verdeutlicht, dass diese Linken eben nur unter Anführungszeichen zu

---

32 https://www.zeit.de/kultur/2021-04/querdenker-corona-politik-protest-regierung-verschwoerung-esoterik-rechtsextremismus, abgerufen am 14.04.2021.

verstehen sind: Das Fehlen der tatsächlichen Auseinandersetzung mit den drängendsten Fragen und das Verständnis für den richtigen Zeitpunkt von authentischem Widerstand.[33] Durch den Schwenk weg von den ur-marxistischen Problemstellungen hin zu identitätspolitischen und sprachpolitischen Beschäftigungsfeldern in akademischen Mikrokosmen haben die „Linken" für viele Menschen, insbesondere für Arbeiter und Arbeiterinnen, jegliche Attraktivität verloren, werden aber auch bei kritischen Menschen innerhalb akademischer Kreise weiter an Bedeutung verlieren. Die Corona-Krise hat mit aller Deutlichkeit und Härte erneut gezeigt, wie hohl die „Linken" (natürlich in sich auch stark zersplittert) eigentlich sind.

Der Zerfall der Linken und die dreckige Praxis

Die schon länger vonstatten gehenden Prozesse des Zerfalls der Linken, jedoch im Hinblick auf Frankreich, hat der französische Soziologe Didier Eribon[34] in seinem Buch „Rückkehr nach Reims"[35] eindringlich beschrieben und gezeigt, wieso gegenwärtige Arbeiter in Frankreich sich der Nouvelle Droite zuwenden und inwiefern dies auf ein Versagen linker Parteien zurückzuführen ist. Und auch Sahra Wagenknecht hat ebendiese Probleme der „Linken" in ihrem jüngst erschienen Buch „Die Selbstgerechten" ungeschönt thematisiert.

Im Fall des Corona-Komplexes haben nun die „Linken" wieder einmal – wie schon so oft davor – den Rechten das Feld überlassen und müssen dabei schlussendlich einen ihrer größten und wichtigsten Begriffe an die Rechten abtreten: Den Begriff des Widerstandes.

Und als wäre das nicht schon schlimm genug, so sah die einzige Form, sich von linker Seite des Corona-Komplexes

---

33 Authentischer Widerstand wäre wohl dort zu finden, wo diejenigen, die widerstehen, sich durch ihre Position(en) tatsächlich exponieren und nicht von einer politischen Schickeria in ihren Vorhaben bestätigt und schulterbeklopft werden.
34 Vgl. jenes Interview https://www.zeit.de/kultur/2016-07/didier-eribon-linke-angela-merkel-brexit-frankreich-front-national-afd-interview, abgerufen am 13.04.2021.
35 Vgl. Didier Eribon: Rückkehr nach Reims, Suhrkamp 2016.

anzunehmen, so aus, dass man nach gefühlt dutzenden Lockdowns eine realitätsferne „Zero-Covid-Strategie" vertrat, die in Form von pseudo-anarchischen Stilllegungs-Fantasien einen völligen Shutdown des Arbeitslebens propagierte.[36] Echte linke Positionen können meinem Verständnis nach aber nicht von der Abwesenheit von Arbeit, sondern durch die Unterstützung arbeitender Menschen geprägt sein.

Kann es den banalen Grund haben, warum keinerlei Protest von „linker" Seite kam, dass mit den Grünen eine solche „linke" Partei in der Regierung sitzt und man gegen „Freunde" nicht demonstrieren möchte? Oder sind die „Linken" bereits so stark Mainstream geworden, dass sie nunmehr ausschließlich aus einer Position der Macht und Hegemonie sprechen, sich aber immer noch als Untergrund stilisieren? Ist ihnen die dreckige Praxis wirklich exponierter Meinung am Ende doch zu unangenehm?

Und wo sind eigentlich die vielen engagierten Künstler und Intellektuellen, die ansonsten immer Macht und Politik kritisieren, mit dem moralischen Zeigefinger fuchteln, offene Briefe schreiben, gegen Abschiebungen protestieren und andere Ungerechtigkeiten anprangern? Auch hier herrscht in puncto Corona weiträumig Schweigen im Walde oder gar das Abnicken willkürlicher Corona-Politik.

Eines hat der Corona-Komplex ohne Frage offengelegt: Die tatsächliche Widerstandsimpotenz der „Linken."

---

36 Vgl. https://mosaik-blog.at/linke-corona-demo/, abgerufen am 13.04.2021.

WISSENSCHAFT UND VERANTWORTUNG

17.10.2021

„Aber ich glaube fast, wir sind allesamt Gespenster, Pastor Manders. Es ist ja nicht nur, was wir von Vater und Mutter geerbt haben, das in uns herumgeistert; auch alte abgestorbene Meinungen aller Art, alte, abgestorbene Überzeugungen und ähnliches." - Henrik Ibsen, Gespenster.[37]

Ethik und Vergangenheitsbewältigung

Nach den letzten Beiträgen, die sich zum großen Teil mit der gesellschaftlichen Situation der Gegenwart befassten, soll nun ein Schlaglicht auf die Wissenschaft und ihre Geschichte geworfen werden. Wie geht die Wissenschaft mit ihrer Vergangenheit, mit ihrem „Erbe" um? Was bedeutet das mitunter für gegenwärtige Forschung? Was bedeutet das für die Zusammensetzung des wissenschaftlichen Wissens, also hinsichtlich der wissenschaftlichen Inhalte? Kommt es zu Brüchen, oder werden (fragwürdige) Traditionen weitergeführt? Wenn die Wissenschaft in Verbrechen involviert war, man es also mit einer belasteten Geschichte zu tun hat: Wie reagiert man darauf? Und was passiert mit wissenschaftlichen Sammlungen, die in problematischen historischen Zusammenhängen entstanden sind?

Bei all diesen Problemlagen stellen sich übergeordnet folgende zwei Fragen unmissverständlich:

1. Wer übernimmt Verantwortung, wenn wissenschaftliche Disziplinen und ihre Protagonisten in der Vergangenheit in problematische, gar verbrecherische Handlungen involviert waren, und welche Konsequenzen ergeben sich daraus?
2. Werden ethische Grundprinzipien gegenwärtiger Forschung auch wirklich eingehalten?

---
37 Henrik Ibsen: Gespenster. Reclam 1992, S.45.

Wissenschaftsethische Fragen solcher Art sind in unterschiedlichen Bereichen und Kontexten der Wissenschaft (von der Medizin und Biologie zur Geschichtswissenschaft bis hin zur Sprachwissenschaft) von Relevanz[38], wurden aber auch in den Bereichen Film, Literatur und Kunst vielfach thematisiert und besprochen[39].

Gleichzeitig – auch wieder mit Verweis auf das künstlerische Thematisieren „böser" Wissenschaft – sind ethische Diskussionen im Hinblick auf (moderne) Wissenschaft und ihre Protagonisten schon längere Zeit Gegenstand gesellschaftlicher Debatten, werden insbesondere seit der zweiten Hälfte des 20. Jahrhunderts[40] vermehrt geführt und ebnen den Weg zur Enthüllung verschiedener Skandale, vielfach auch angestoßen durch die systematische Involvierung von Wissenschaft und Industrie in NS-Verbrechen seit dem Ende des Zweiten Weltkrieges[41].

Der Fall Gross: NS-Kontinuitäten im Nachkriegsösterreich

Im Hinblick auf Österreich ist eines der bekanntesten Beispiele in der Frage nach ethischer Verantwortlichkeit von Wissenschaft jenes des Psychiaters Heinrich Gross, der nach dem Zweiten Weltkrieg als Gerichtsgutachter für die österreichische Justiz weiterhin tätig war. Gross half in den Jahren der nationalsozialistischen Herrschaft skrupellos mit, psychisch

---

38 Dies betrifft verschiedene Themen, etwa Fragen um Datenschutz und die Wahrung von Persönlichkeitsrechten, Urheberrechtsfragen, die Frage nach der Möglichkeit von Tierversuchen, Problemlagen in der Genforschung und Reproduktionsmedizin usw. usf. In der Regel (Im Idealfall) beschäftigen sich nationale/ internationale universitäre Ethikkommissionen, Historikerkommissionen oder juristische Berater mit solchen Sachverhalten.
39 Insbesondere das Horror- und Thriller Genre befasste sich sowohl filmisch als auch literarisch vielfach mit dem Schrecken und der Hybris entgleister Forschung. Mary Shelleys „Frankenstein" (1818), David Cronenbergs „The Fly"(1986) oder H.G. Wells „Die Insel des Dr. Moreau" (1896) sind nur wenige von vielen künstlerischen Bearbeitungen der Thematik.
40 Ein wesentlicher Markierungspunkt ethischer Diskussionen ist die Zeit ab der Menschenrechtscharta der Vereinten Nationen (1948), die natürlich eine Reaktion auf die Ereignisse des Zweiten Weltkriegs darstellte.
41 Ich spiele hier auf den Fall der Involvierung der I.G. Farben in Menschenversuche und Zyklon B-Lieferungen an Konzentrationslager an. Die IG Farben war ein Zusammenschluss von acht deutschen Pharma- und Chemiekonzernen, die maßgeblich vom Nationalsozialismus profitierten und sich ab 1947 im I.G.-Farben-Prozess vor dem US-Militärgericht verantworten mussten. Vgl. Stephan H. Lindner: Aufrüstung – Ausbeutung – Auschwitz. Eine Geschichte des I.G.Farben-Prozesses. Wallstein 2020.

kranke, behinderte oder einfach nur verhaltensauffällige Kinder der Jugendanstalt „Am Spiegelgrund" im Rahmen der NS-Euthanasie-Aktion T4 zu ermorden oder zu misshandeln.[42] Dabei war er jedoch nicht nur ein Handlanger von vielen, sondern als Abteilungsleiter eines medizinischen Pavillons tief und maßgeblich in diese Gräueltaten involviert. In den 1970er Jahren begutachtete er eines der überlebenden Kinder vom Spiegelgrund wieder – nun bereits erwachsen wurde der Überlebende Friedrich Zawrel[43] erneut Opfer des ehemaligen NS-Arztes und konnte erst 1981 aus jener Haft befreit werden, in die ihn Gross fünf Jahre zuvor gebracht hatte.[44] Auch wenn Zawrel – nur mittels publizistischer Unterstützung und unter Mithilfe des Drucks der Öffentlichkeit – auf sich und sein Schicksal aufmerksam machen konnte, so war der Tätigkeit von Gross kein Ende beschieden. Dass der Psychiater trotz Bekanntwerden seiner NS-Vergangenheit weiter als Gerichtsgutachter tätig sein konnte und sogar lange an den Gehirnen ermordeter Kinder weiterforschte, ist eines der dunkelsten Kapitel der österreichischen Nachkriegsgeschichte. Verantwortung für sein Handeln wurde hier vonseiten des Arztes nicht einmal ansatzweise übernommen, was aber ohne ein Netz an wegsehender oder Gross protegierender Institutionen und Personen nicht möglich gewesen wäre. Es zeigte einmal mehr, wie glimpflich insbesondere im Wissenschaftsbereich entnazifiziert[45] wurde und wie lange die Kontinuität von NS-Wissenschaftlern reichte, die unbekümmert mit eben jenen Materialien arbeiteten, die in den Verbrechen des Dritten Reiches ihren Ursprung hatten.

Es zeigt aber gleichzeitig, dass Wissenschaftler sich auch in-

---

42 Vgl. Waltraud Häupl: Die ermordeten Kinder vom Spiegelgrund. Gedenkdokumentation für die Opfer der NS-Kindereuthanasie in Wien. Böhlau 2006. Für eine kritische Aufarbeitung der Thematik aus dem Inneren neurologischer Forschung vgl. Florian P. Thomas u.a.: "A Cold Wind is Coming": Heinrich Gross and Child Euthanasia in Vienna. In: Journal of Child Neurology. Vol 21/4, April 2006, S.342-348. Vgl. auch Eberhard Gabriel: NS-Euthanasie in Wien. Böhlau 2000.
43 Vgl. https://www.nationalfonds.org/friedrich-zawrel , abgerufen am 16.10.2021.
44 Vgl. Oliver Lehmann: In den Fängen der Dr. Gross: Das misshandelte Leben des Friedrich Zawrel. Czernin 2001.
45 Vgl. Hans Pfefferle und Roman Pfefferle: Glimpflich entnazifiziert. Die Professorenschaft der Universität Wien von 1944 in den Nachkriegsjahren. V&R unipress 2014.

haltlich und konzeptuell nicht von der NS-Forschung lösten, sondern unverändert in den gleichen Fahrwassern weiterforschten. Heinrich Gross war dabei wahrlich kein Einzelfall.

Wissenschaft und Totalitarismus

Hier kommt ein für Universitäten und Akademien sehr unangenehmer Aspekt ins Spiel: Mit der Frage nach der belasteten Geschichte wissenschaftlicher Ideen, Konzepte und Theorien steht am Ende möglicherweise nicht weniger als die Wissenschaftlichkeit selbst auf dem Prüfstand. Dies gilt natürlich übergeordnet immer auch für die Gegenwart: Wie viel Politisierung, wie viel Ideologie verträgt die Wissenschaft? Und kann man ideologisierte Teile wissenschaftlicher Inhalte in totalitären Regimen von seriösen Inhalten überhaupt noch unterscheiden? Oder muss man einzelne Disziplinen mitunter völlig als Pseudowissenschaft(en) identifizieren?

Diese Fragen sind immer von Fall zu Fall zu beantworten. Während etwa die meisten Aspekte der biologischen Rassentheorien und ihre juridischen Auswüchse in Form der Nürnberger Rassengesetze aus wissenschaftlicher Sicht nicht haltbar und als abwertend-rassistisch einzustufen sind[46], so war etwa die NS-Krebsforschung der erste Forschungszweig, der das Rauchen eindeutig mit Krebs in Verbindung brachte und sich damals international in einer Spitzenposition befand[47].

Ähnliche Problemlagen finden sich aber natürlich nicht nur hinsichtlich des Nationalsozialismus, sondern grundsätzlich in den unterschiedlichsten totalitären Regimen, egal ob kommunistisch, nationalsozialistisch oder realsozialistisch. Auch im Fall des Terrorregimes der DDR und involvierter Wissenschaftler und/oder Politiker, die nach dem Mauerfall ungehindert weiterforschten bzw. im neuen System problemlos Fuß fassten, gibt es viele Beispiele personeller und auch institutioneller Kontinuitäten ohne jegliche Brüche. Es gab aber etwa in

---

46 Vgl. Naika Foroutan u.a.: Das Phantom „Rasse": Zur Geschichte und Wirkungsmacht von Rassismus. Vandenhoeck & Ruprecht 2018.
47 Vgl. Robert N. Proctor: The Nazi war on Cancer. Princeton University Press 2000.

Bezug auf die DDR auch jene Wissenschaftler, die als wissenschaftliche Ressourcen nach dem Zweiten Weltkrieg zwangsweise in die UDSSR deportiert und danach wieder in die DDR rückgeführt wurden[48], weswegen man aufpassen muss, da der Begriff Involvierung am Ende jeweils etwas anderes bedeuten kann.

Belastete Materialien

Was macht man nun aber mit wissenschaftlichen Sammlungen, deren Entstehungszusammenhang verbrecherischer Natur ist oder aus heutiger Sicht in dieser Weise zumindest ethisch untragbar wären? Was macht man etwa mit linguistischen Sprachaufnahmen von Kriegsgefangenen, welche anthropologischen, zugleich aber rassistischen Erkenntnisse zog man aus der Erforschung indigener Völker im Zuge des Imperialismus und Kolonialismus und – weiterführend – wie sind große Entdecker und Weltreisende der vorigen Jahrhunderte nun in ihren „Heldentaten" zu bewerten? Gibt es in wissenschaftlichen Sammlungen kostbarer Kulturgüter, Artefakte oder Präparate Raubgut, das mit Gewalt verschleppt und anderen Besitzern (Stichwort Arisierung) entrissen wurde? Gerade bei NS-Raubgut haben sich z.B. im Bereich der Kunstgeschichte Restitutionsexperten und Provenienzforscher seit vielen Jahrzehnten mit der Rückführung und der Herkunft gestohlener Artefakte beschäftigt. Auch bei diesem Thema kann man erkennen, dass jeder Fall gesondert betrachtet werden muss und jeweils anders gelagert ist: Geraubte Kunstwerke, die den früheren Besitzern entrissen wurden, sind anders zu bewerten als medizinische Sammlungen ermordeter und gequälter Kinder; während sich im ersten Fall das Kunstwerk (Artefakt) selbst nicht als solches disqualifiziert, so ist es im zweiten Fall ethisch nicht vertretbar, ermordete Personen für Forschungszwecke weiter zu verwenden, es sei denn, es dient der Aufarbeitung ebendieser Verbrechen und unethischen Kontexte.

---

48 https://www.stasi-unterlagen-archiv.de/informationen-zur-stasi/themen/beitrag/ueberwachte-wissenschaft/, abgerufen am 04.10.2021

Unabdingbar ist in einem ersten Schritt der Aufarbeitung der Geschichte von wissenschaftlichen Disziplinen und deren Artefakten eine umfassende, kritische und lückenlose historische Kontextualisierung.

Dies meint, dass wissenschaftliche Inhalte, Ergebnisse, Artefakte mit anderen Inhalten in Beziehung gesetzt, der biographische, politische und institutionelle Zusammenhang von Wissenschaftlerinnen und Wissenschaftlern erfasst und all diese Aspekte vor dem Hintergrund der Geschichte beschrieben und analysiert werden. Wo haben wissenschaftliche Akteure wann und wieso gearbeitet? Wie lange haben sie dort gearbeitet? Welche Netzwerke haben sie aufgebaut, welche Netzwerke haben sie genutzt? Welche Feinde hatten sie? Wo waren sie Mitglied und welche Überschneidungen gab es zu politischen Parteien, Funktionären, Akteuren? In welchen Diensten, unter welcher Agenda haben sie operiert?

Wissenschaftshistorisch gute Arbeit ist es, möglichst viele dieser Fragen zu beantworten.

Die Wissenschaftsethik, in Verhandlung mit den betreffenden Disziplinen und der Gesellschaft/Öffentlichkeit muss anschließend prüfen, was dies in weiteren Schritten bedeutet und welche Konsequenzen sich daraus für die (betreffende) Wissenschaft ergeben. Die wissenschaftlichen Disziplinen selbst sind angehalten, den Blick in die Vergangenheit ebensowenig zu scheuen wie die ethische Beurteilung ihrer Arbeit in der Gegenwart.

Und es würde vielen Wissenschaften gut tun, eine solche historische Einordnung von Daten, Materialsammlungen und Artefakten noch ernster zu nehmen, als dies der Fall ist; nicht wenige wissenschaftliche Disziplinen haben ein geringes Wissen um die Umtriebe ihrer historischen Vorgänger und Protagonisten oder konzeptualisieren ihre Forschung weitgehend ahistorisch, ohne diese Aspekte zu berücksichtigen.[49]

---

49 Vgl. (in Druck) Jan David Zimmermann: „Die Sprache(n) auf der Karte. Konstruktion von Geschichtlichkeit in der Dialektkartographie des Deutschen zwischen Cisleithanien und Erster Republik". In: Johannes Feichtinger und Heidemarie Uhl

Wissenschaftshistorische Zusammenhänge stehen kaum in den Curricula der jeweiligen Studien oder werden allenfalls oberflächlich in Einführungsvorlesungen behandelt. Dies betrifft auch die Sprachwissenschaft, insbesondere die Dialektologie des Deutschen (also die Lehre von den deutschen Mundarten), mit deren Geschichte ich mich seit fast zehn Jahren intensiv beschäftige und deren Rolle im Nationalsozialismus ich in einem folgenden Blog-Eintrag noch eingängig behandeln werde. Denn gerade in der Dialektforschung sind die Fragen um wissenschaftliche Verantwortung vonseiten der Disziplin selbst bis heute weitgehend unbeantwortet geblieben. Dies sollte sich ändern.

DAS ENDE DER UNIVERSITÄT

21.11.2021

Die Studierenden, die das Studium wirklich lieben, sollten sich weigern an solch unkenntlichen Universitäten zu inskribieren, und stattdessen wie in der Entstehungszeit neue universitates gründen; diese würden den einzigen Ort bieten, an dem der technologischen Barbarei getrotzt wird, um die Worte aus der Vergangenheit weiterleben und im besten Fall eine neue Kultur entstehen zu lassen.

- Giorgio Agamben.[50]

Die Aus- und Eingesperrten

Mit Montag, dem 22.11.2021 kommt in Österreich der Lockdown für alle bis mindestens 12.Dezember.

Zuvor dachte man, man könne den Schaden für Menschen und Krankenhäuser und das Versagen der Politik über die Diskriminierung von Ungeimpften lösen, und so wurden mit dem 08.11. die 2G-Regel[51] und mit dem 15.11. der „Lockdown für Ungeimpfte" in ganz Österreich verordnet.[52] Diese Verordnungen galten nicht nur in der Gastronomie, sondern in allen Bereichen des öffentlichen Lebens, die Spaß, Freude und Ablenkung bringen.

Ein solches Betretungsverbot nach dem 2G-Schema soll für Ungeimpfte auch nach dem 12.12. gelten.

2G und der Lockdown für eine bestimmte Gruppe der Bevölkerung entfalten ihre diskriminierende Wirkung aber nicht nur dadurch, dass unbescholtene, potenziell gesunde, testwillige Bürger und Steuerzahler viele der für sie nicht betretbaren Institutionen mitfinanzieren, sondern dass ihnen in Österreich das Betreten der Universität Klagenfurt und anderen Hochschulen entweder ganz verwehrt wird oder nur unter

---
50 Giorgio Agamben: An welchem Punkt stehen wir? Die Epidemie als Politik. Turia und Kant 2020, S.117.
51 2G= geimpft, genesen. Vgl. https://www.vienna.at/2g-regel-tritt-in-kraft-alle-fragen-und-antworten/7185058, abgerufen am 21.11.2021.
52 Vgl. https://orf.at/stories/3236481/, abgerufen am 21.11.2021.

schikanösen Umständen möglich ist.[53] Dass der Rektor der Universität in Klagenfurt, Oliver Vitouch, all jenen, die sich mit den momentan verfügbaren Covid-19-Impfungen nicht impfen lassen wollen oder daran Kritik üben, eine grundsätzlich unwissenschaftliche oder gar wissenschaftsfeindliche Haltung attestiert, ist dabei nur mehr als ideologisch zu bewerten. Vitouch bezieht sich in seinen Ausführungen wieder auf die altbekannten Floskeln des neu-normalen Vernunft-Diskurses[54], die seit Beginn der Krise gebetsmühlenartig wiederholt werden, obwohl viele dieser Diskursfiguren revidiert werden müssten. Dennoch wird immer wieder dasselbe wiederholt: Die Impfung schützt auch andere, es ist ein Akt der Solidarität, es ist vernünftig und verantwortungsvoll, Kritiker der Impfung wie auch der Maßnahmen sind unsolidarisch, unwissenschaftlich, verschwörungstheoretisch, egoistisch, dumm, ungebildet, usw.[55] Vernunft heißt in diesem Verständnis, der Regierung und den Experten (weiterhin) zu gehorchen, auch wenn beide ihre „Strategien" und Ansichten im Wochentakt ändern, undurchsichtige Verordnungen und Stufenpläne erstellen, sich Gesundheitsminister und Bundeskanzler widersprechen[56], die Impfung mal jahrelang schützt[57], bis dann klar wird, dass sie mitunter nur 4-6 Monate schützt[58], dass aus zwei Stichen

---

[53] Wenn man etwa geimpft oder genesen ist, bekommt man an der WU Wien einen „Fast Lane Sticker", mit dem man schneller Gebäude betreten kann als ungeimpfte Personen. Vgl. https://www.wu.ac.at/studierende/distanzlehre-und-online-pruefungen/coronavirus-news-und-infos-fuer-studierende#c599368 , abgerufen am 18.11.2021.

[54] So sagt Vitouch: „Gleichzeitig habe ich aus wissenschaftlicher Sicht noch kein gutes Argument gehört, warum die Impfung so schlimm sein soll, dass man sie ablehnt. Diese unangenehmen Wahrheiten muss man manchmal deutlich aussprechen. Vernunft und Verantwortungsbewusstsein wird man von angehenden Akademikern in erhöhtem Ausmaße erwarten dürfen. Die Forderung nach einem Grundrecht auf Unvernunft teile ich nicht. Als Nächstes diskutieren wir dann darüber, ob eine Winterreifenpflicht zumutbar ist oder nicht, wenn sich jemand mit Sommerreifen wohler fühlt."- Vgl. https://www.derstandard.at/story/2000130991537/rektor-zu-2g-regel-an-uni-klagenfurt-ich-kann-nicht , abgerufen am 18.11.2021.

[55] Die Demonstration gegen 2G und die Impfpflicht am 20.11.2021 mit 35000 Teilnehmern zeichnet jedoch ein ganz anderes Bild: Quer durch die Bevölkerung geht der Unmut, auch wenn „Kellernazis" wie Gottfried Küssel immer wieder herangezogen werden, um den Protest zu delegitimieren. Bezeichnenderweise findet man bei ORF, Standard und Co. vergeblich eine halbwegs neutrale Berichterstattung, diese findet man dafür etwa bei Thug Life Austria, die einfach demonstrierende Menschen zu Wort kommen lassen, ohne unnötiges Framing: https://www.youtube.com/watch?v=ZdJFKz5q_24 , abgerufen am 21.11.2021.

[56] Vgl. https://orf.at/stories/3236296/ , abgerufen am 18.11.2021.

[57] Vgl. https://www.mdr.de/wissen/dauer-immunitaet-schutz-nach-corona-impfung-und-infektion-auffrischung-100.html , abgerufen am 18.11.2021.

[58] Vgl. https://www.zentrum-der-gesundheit.de/news/gesundheit/covid-19/corona-impfung-schutz, abgerufen am 18.11.2021.

plötzlich drei werden und der vierte mitunter auch schon als Idee herumschwebt. Dass Antikörpertests mal eine gute Idee sind, um zu sehen, ob man auch Antikörper gebildet habe[59], plötzlich jedoch der Gesundheitsminister empfiehlt, gar keine Antikörpertests vor der dritten Impfung durchzuführen, weil sie angeblich nichts aussagen.[60]

Vorläufige Ergebnisse vs. rigide Eindeutigkeit

Dass Wissenschaft von vorläufigen Erkenntnissen lebt, von Annahmen, die dann bestätigt oder widerlegt werden, ist natürlich selbstverständlich. Dass wir nun live einen solchen Prozess von Trial-and-Error miterleben, ist dagegen völlig neu. So weit so gut. Wenn jedoch vieles nur vorläufig gilt und morgen wieder ganz anders sein kann, ist es umso absurder, dass man mit einem Brustton der Überzeugung eine Eindeutigkeit der „Faktenlage" suggeriert, die eben nicht vorliegt. Die Gewissheit, mit der uns politisch-medial (aber leider auch wissenschaftlich) unumstößliche „Fakten" geliefert werden, die zu drakonischen Maßnahmen führen, die wir unbedingt einhalten müssen, nur um sich dann wenige Wochen bis Monate später der neu justierten Gewissheit stellen zu müssen, dass diese Maßnahmen und Ansichten mitunter unhaltbar, unwirksam, fehler-bis lückenhaft waren oder revidiert werden müssen, zeigt immer wieder, dass hier Wissenschaft ideologisiert und als Herrschaftsmittel missbraucht wird (wofür die im Labor arbeitenden Wissenschaftler wiederum nichts können). Dass Universitäten und Rektoren bei solchen Ideologisierungen mitmachen, ist dabei mit dem Blick in die Geschichte

---

59 Auch hier gibt es völlig gegensätzliche Meinungen, vgl. https://www.geo.de/wissen/gesundheit/antikoerpertest-vor-der-booster-impfung-sinnvoll--30920032.html , abgerufen am 18.11.2021
60 So Mückstein in einem öffentlichen Statement am 02.11.2021 (ab der 3. Minute): https://www.youtube.com/watch?v=6L9ylOCNROM&t=201s , abgerufen am 18.11.2021. Auch Karl Zwiauer vom Nationalen Impfgremium (NIG) meint: „Es gibt nach wie vor keinen sicheren Wert, der einem aussagt, ich habe tatsächlich zu hohe schützende Antikörper oder ich habe so wenige, dass ich die Impfung brauche. Wir kennen Personen, die sehr hohe Antikörper-Werte hatten und die dennoch die Infektion wieder bekommen haben, andererseits gibt es Personen, die sehr niedrige Antikörperwerte haben und die nicht infiziert werden." - Vgl. https://noe.orf.at/stories/3128325/ , abgerufen am 18.11.2021. [12] Der Top-Virologe Hendrik Streeck hält die 2G-Regel sogar für gefährlich: https://www.berliner-zeitung.de/news/virologe-streeck-2g-regel-in-deutschland-waere-gefaehrlich-li.193314, abgerufen am 18.11.2021.

allerdings nichts Neues.

Dass unliebsame Positionen immer wieder aus den Universitäten oder dem „allgemeinen Konsens" entfernt wurden, ist ebenso keine Neuigkeit, dies lässt sich seit Jahrhunderten, wenn nicht noch länger beobachten. Und was wurde nicht schon alles im Namen der Wissenschaft und Wissenschaftlichkeit gerechtfertigt, wie viele unbequeme Wissenschaftler wurden nicht im Laufe der Geschichte als Häretiker bezeichnet, weil sie unpopuläre Ansichten vertraten? Die größten Wissenschaftler der Welt stellten sich gegen den Konsens, stellten den Konsens in Frage. Erst dies ermöglichte wissenschaftliche Revolutionen. Und immer waren es die institutionellen Vertreter der Macht, die gegen solche Stimmen vorzugehen versuchten. Wenn sich Rektor Vitouch auf Wissenschaftlichkeit beruft, sollte er sich im Hinblick auf die 2G-Regel an seiner Universität vielleicht auch eingestehen, dass die 2G-Regel wissenschaftlich auf schwachen Füßen steht und eben nicht dazu dient, die Infektionsketten zu brechen, wie man an den Aussagen verschiedener Virologen (Streeck, Kekulé, Krüger, Schmidt-Chanasit) sehen kann[61][62][63][64], sondern dass die Regel im Wesentlichen ein politisches Mittel ist, um Menschen zur Impfung zu zwingen.

Vom demokratiepolitischen Aspekt einmal abgesehen, den der Psychologe offenbar völlig ausblendet.

Am Ende all dieser wissenschaftlichen Diskussionen spricht

---

[61] Der Top-Virologe Hendrik Streeck hält die 2G-Regel sogar für gefährlich: https://www.berliner-zeitung.de/news/virologe-streeck-2g-regel-in-deutschland-waere-gefaehrlich-li.193314, abgerufen am 18.11.2021.
[62] Der Ex-Charité-Chef Detlev Krüger sagt im Bild-Interview: „Wir erreichen durch die Impfung keine sterile Immunität. Es ist, wie Hendrik Streeck es formuliert hat: Die Impfung ist vor allem Eigenschutz, nicht Fremdschutz. Insofern bezweifle ich, dass die 2G-Regelung eine Verbesserung zu 3G darstellt. Im Endeffekt bedeutet 2G nur mehr Unfreiheit, ohne mehr Sicherheit zu bieten. Deshalb hat auch das Testen weiterhin Bedeutung."- https://www.bild.de/politik/inland/politik-inland/ex-charit-chefvirologe-krueger-2g-ist-nicht-sicherer-aber-unfreier-78186550.bild.html, abgerufen am 18.11.2021.
[63] Auch der Virologe Jonas Schmidt-Chanasit spricht sich gegen die 2G-Regel aus, die eine Scheinsicherheit vermittle und sich für 1G: nämlich alle Personen testen, egal ob geimpft, genesen oder ungeimpft. Vgl. https://www.rnd.de/gesundheit/corona-schmidt-chanasit-warnt-2g-regel-und-deren-wirkung-nicht-ueberschaetzen-AELCJXNKNONFEBKWZH455KSCMQ.html, abgerufen am 18.11.2021.
[64] Der Virologe Alexander Kekulé spricht ebenso davon, dass die 2G-Regel Unsinn ist, vgl. https://www.focus.de/gesundheit/coronavirus/focus-online-kolumne-von-alexander-kekule-2g-regel-ist-unsinn-weil-sie-auf-vollkommen-falscher-rki-behauptung-beruht_id_20910598.html, abgerufen am 18.11.2021.

nicht einmal Christian Drosten von einer „Pandemie der Ungeimpften", sondern will diese Floskel verbannt wissen.[65]

Fest steht auch, dass die angeblich absolut klaren Verhältnisse rund um die Impfstoffe immer wieder eine Neu-Justierung erfuhren: Der Vektor-Impfstoff Astra Zeneca wird etwa in Österreich mittlerweile gar nicht mehr verimpft[66], eine Impfung mit Johnson & Johnson ist im Grünen Pass ab dem 03.01.2022 nicht mehr gültig[67] und die Verimpfung von Moderna wurde aufgrund erhöhter Myocarditisfälle bei jungen Männern in einigen europäischen Ländern ebenfalls ausgesetzt[68]. Noch vor drei Monaten meinte der oben genannte Christian Drosten, dass die dritte Impfung nicht notwendig sei[69], nun, im November müssen sich alle panisch für den dritten Stich anmelden[70].

Dass nun Menschen, ob geimpft, ungeimpft, genesen sich anhand dieser stets neu konfigurierenden ach so unumstößlichen Fakten bisweilen nur noch wie Versuchskaninchen vorkommen und manche Menschen dabei eben nicht (mehr) mitmachen wollen, hat nichts mit Wissenschaftsfeindlichkeit zu tun, sondern mit einem kommunikativen, politisch-medialen Totalversagen vonseiten der Verantwortlichen.

---

65 Vgl. https://www.deutschlandfunk.de/drosten-keine-pandemie-der-ungeimpften-100.html, abgerufen am 18.11.2021.
66 Bzw. sollte gar nicht mehr verimpft werden, vgl. https://kurier.at/chronik/oesterreich/oesterreich-laesst-impfungen-mit-astra-zeneca-auslaufen/401384604, abgerufen am 18.11.2021.
67 Vgl. https://gruenerpass.gv.at/geimpft/, abgerufen am 18.11.2021..
68 So haben Schweden und Dänemark Moderna bereits seit Oktober für Jüngere ausgesetzt, vgl. https://orf.at/stories/3231631/, abgerufen am 18.11.2021.
69 Vgl. https://www.tagesschau.de/inland/innenpolitik/corona-schutzimpfung-drosten-101.html, abgerufen am 18.11.2021.
70 Vgl. https://www.deutschlandfunk.de/corona-auffrischungsimpfungen-wer-sollte-eine-booster-dosis-100.html, abgerufen am 18.11.2021.

2G revisited: Geimpft und genervt

Einen anekdotischen (hier nun nicht mit Quellen belegbaren) Hinweis möchte ich an dieser letzten Stelle Medien und Politik geben: Bei vielen geimpften Personen stellt sich sowohl beim Impfthema als auch bei den chaotischen Verordnungen, Regeln und bei der Spaltung der Gesellschaft nur noch Kopfschütteln, Skepsis und Misstrauen ein, auch wenn versucht wird, weiter einen Keil zwischen die geimpften und die ungeimpften Menschen zu treiben.

Und gerade, dass für den Pflegebereich und die vielen dort arbeitenden, wichtigen Menschen so gut wie nichts getan wurde, obwohl wir seit zwei Jahren eine Pandemie haben, macht viele Menschen (egal welchen Impfstatus sie haben) fassungslos. Warum wurde nicht aufgestockt, umgeschult, besser bezahlt, Geld ins System gepumpt? Stattdessen wurde abgebaut, die Pflege mit der Impfpflicht drangsaliert und das Krankenhaussystem bis zur Belastungsgrenze ausgehöhlt, die dort Arbeitenden schließlich völlig verheizt, sodass viele von ihnen in andere Berufe abwandern werden.

All das ist jedoch nicht monokausal den bösen Ungeimpften umzuhängen, sondern hat hauptsächlich mit dem gravierenden Versagen der Politik zu tun, welches man nur mehr als quasitotalitäres Dauergewurschtel bezeichnen kann. Statt aber aufgrund der unklaren (Daten-)Lage auf Freiwilligkeit zu setzen und den Druck aus der Gesellschaft herauszunehmen, den Menschen allgemein wieder Mut zu machen und sie positiv zu bestärken, werden die „Zügel noch straffer gezogen", wie Bundeskanzler Schallenberg mit Blick auf die Ungeimpften sagte.[71] Angesichts einer derart entmenschlichenden Rhetorik stellt sich schon die Frage, ob man bei Schallenberg nicht auf den falschen Kutscher als Kanzler gesetzt hat. Und ob die Republik überhaupt einen Kanzler braucht, der seine „Untertanen" für Pferde hält.

---

71 Vgl. https://kurier.at/politik/inland/corona-gipfel-kommt-jetzt-bundesweit-2-g/401796025, abgerufen am 18.11.2021.

Das Ende der Universität (wie man sie früher kannte) ist jedenfalls mit dem Verbot für Ungeimpfte – auch deutsche Universitäten machen dies mittlerweile[72] – eingeläutet; ein bildungspolitischer Zerfallsprozess, der sich seit Bologna abgezeichnet hat, ein zynischer, neoliberaler Umbau des akademischen Raumes, der nun erneut ins Ausgrenzende verfällt und sich einer mittlerweile mehr als untragbar gewordenen Politik andient.

In einer Universitätslandschaft, die sich mit allerlei Anti-Diskriminierungsreferaten angeblich gegen die Ausgrenzung von Minderheiten stellt, ist eine solche Entwicklung umso beschämender.

---

[72] Vgl. https://www.br.de/nachrichten/bayern/2g-im-hoersaal-uni-erlangen-zieht-die-corona-notbremse,SojNkjM, abgerufen am 21.11.2021.

RAUM UND AUSGRENZUNG

13.12.2021

*„Das Schweigen dieser unendlichen Räume lässt mich schaudern." - **Blaise Pascal**[73]*

Diskriminierende Raumordnung

Immer, wenn es in Gesellschaften zur Zunahme einer Diskriminierung[74] einzelner Bevölkerungsgruppen kam, haben jene, die an der Macht waren (und die politische, mediale Hegemonie besitzen), als wesentliche Eskalationsstufe begonnen, den Raum für diese Gruppen umzuordnen, abzustecken, einzuschränken oder für manche Räume gänzliche Zutrittsverbote zu erteilen.

Es ging dabei teilweise um den öffentlichen Raum, um den Wohnraum, aber auch um die Nutzung verschiedener Räu-

---

73 Anders wird das Zitat auch folgendermaßen gebracht: „Das ewige Schweigen dieser unendlichen Räume macht mich schaudern". Auf französisch: „Le silence éternel de ces espaces infinis m'effraie."- Blaise Pascal: Pensées sur la religion et sur quelques autres sujets. 201-206. https://www.ub.uni-freiburg.de/fileadmin/ub/referate/04/pascal/pensees.pdf, abgerufen am 27.02.2023.

74 Amnesty International definiert Diskriminierung folgendermaßen (Hervorhebungen von mir selbst): „Der Diskriminierung liegt meist die falsche Vorstellung zugrunde, es handle sich dabei **um minderwertigere Menschen**. Diese Vorstellung verletzt an sich schon die Allgemeine Erklärung der Menschenrechte, die in ihrem Art. 1 **die Gleichwertigkeit aller Menschen ohne Unterschied nach ethnischer Zugehörigkeit, Hautfarbe, Geschlecht, sexueller Orientierung, Religion, Alter, Gesundheitszustand** und weiteres proklamiert. Das internationale Recht weist der Diskriminierung **drei Hauptmerkmale** zu: **nachteilige Behandlung**, die sich auf einer **unrechtmässigen Grundlage** abstützt und der eine **angebrachte und objektive Rechtfertigung** fehlt. Die nachteilige Behandlung muss das Recht einer Person oder Gruppe betreffen. Diskriminierung kann sich in der Praxis verschiedene Formen annehmen: **Unterscheidung** – wenn z.B. junge Schwarze Männer systematisch Zielpersonen für polizeiliche Kontrollen werden. **Ausschluss** – wenn für z.B. Jenische, Sinti oder Roma keine Identitätsdokumente erstellt werden. **Einschränkung** – wenn z.B. Schwulen, Lesben, bi oder trans Menschen die Versammlungsfreiheit nicht gewährt wird. **Bevorzugung** – wenn z.B. bei der Wohnungsvergabe Staatsangehörige bevorzugt werden. **Trennung** – wenn z.B. Kinder von Geflüchteten systematisch in getrennte Schulen oder Klassen unterrichtet werden, ohne ihre Fähigkeiten und Bedürfnisse zu berücksichtigen. **Verweigerung von angemessener Einrichtung** – wenn z.B. öffentliche Gebäude nicht rollstuhlgängig sind. Damit also eine Handlung eine Diskriminierung darstellt, muss sie sich auf ein unrechtmässiges Merkmal beziehen: Ethnizität, Religion, nationale oder soziale Herkunft, Sprache, physisches Äusseres, Abstammung, Geschlecht, sexuelle Orientierung, Alter oder Behinderung. Weiter muss sich die nachteilige Behandlung, die sich auf ein unrechtmässiges Merkmal stützt, **einer objektiven und adäquaten Rechtfertigung entbehren**. Liegt der Handlung also ein legitimes Ziel zugrunde, wie zum Beispiel der **Schutz der Gesundheit oder der Öffentlichkeit** – und ist die Handlung verhältnismässig, so fehlt ihr das diskriminierende Element. **Dieser Aspekt ist jedoch der kontroverseste bei der Diskussion**, ob eine Handlung einer Diskriminierung gleichkommt oder nicht. Abgeklärt werden muss hierbei, **ob es nicht Alternativen zu der gerechtfertigten nachteiligen Behandlung gibt, die das Ziel erreichen, ohne eine negative Auswirkung auf eine spezielle Gruppe zu haben. Gibt es Alternativen, so ist die Handlung nicht verhältnismässig, sprich diskriminierend.**" - https://www.amnesty.ch/de/themen/diskriminierung/zahlen-fakten-und-hintergruende/was-ist-diskriminierung, abgerufen am 13.12.2021.

me und Infrastrukturen in der Halböffentlichkeit. Es ging dabei oft auch um das generelle Vertreiben und Abschieben von Gruppen in außerhalb eines Zentrums gelagerte Gegenden. Ghettos und/oder Armenviertel entstanden, leprakranke Personen wurden abgesondert, isoliert oder gar auf Inseln verschifft[75], psychisch kranke Menschen wurden zwangsweise in gefängnisartigen Räumen eingekerkert (der „Narrenturm" in Wien[76], die Irrenanstalt „Bedlam" in London[77] waren dafür gute Beispiele), um aus der Öffentlichkeit – und damit aus der Sichtbarkeit – entfernt zu werden. Auch bei unliebsamen Randgruppen wie Junkies oder Bettlern wird dies bisweilen so gemacht.[78] Jüdinnen und Juden[79] oder andere ethnisch/religiös nicht genehme Volksgruppen wurden und werden bis heute ausgelagert. Rezentes Beispiel ist das (bevölkerungspolitische) Vorgehen Chinas gegen die muslimische Minderheit der Uiguren.[80]

All diese Vorgänge der diskriminierenden Raumordnung gibt es nicht nur in totalitären Regimen, sondern ebenso in demokratischen Staaten oder in Zwischenformen von Demokratie und Diktatur mal in stärkerer, mal in schwächerer Ausprägung. Es gab diese Vorgänge auch schon lange, bevor es demokratische Staaten im modernen verfassungsrechtlichen Sinne gab. In den schlimmsten Fällen von diskriminierender

---

75 So wurde etwa die griechische Insel Spinalonga noch Anfang des 20. Jahrhunderts bis in die 1950er Jahre als Leprakolonie verwendet, wo Menschen zwangsuntergebracht wurden. Vgl. https://leprosyhistory.org/database/archive1001, abgerufen am 13.12.2021.
76 Vgl.https://www.nhm-wien.ac.at/forschung/anthropologie/pathologisch-anatomische_sammlung_im_narrenturm, abgerufen am 13.12.2021.
77 Vgl. https://www.huffpost.com/entry/bedlam-the-horrors-of-lon_b_9499118, abgerufen am 13.12.2021.
78 Dafür gibt es dutzende Beispiele auf der ganzen Welt, meist ist es aber eben keine Lösung eines Problems, sondern nur eine räumliche Verschiebung eines Problems, um Orte mit Prestige von Randgruppen frei zu machen. Vgl. https://www.thelocal.fr/20210519/how-paris-plans-to-tackle-its-crack-cocaine-problem-by-moving-addicts-elsewhere/, abgerufen am 13.12.2021.
79 Im Fall jüdischer Personen war etwa das „Schtetl" noch ein tendenziell selbstgewählter, abgegrenzter Ort (insbesondere mit Blick auf Osteuropa), der Begriff Ghetto wurde auch weit davor jedoch schon für Judenviertel verwendet (z.B. im Venedig des 16. Jahrhunderts). Mit dem Zweiten Weltkrieg und der NS-Herrschaft wurde das Ghetto im osteuropäischen Raum dann schließlich eine Art Vorstufe des Konzentrationslagers, wo Juden überwacht, diskriminiert und isoliert von der restlichen Bevölkerung lebten. Vgl. https://encyclopedia.ushmm.org/content/de/article/ghettos, abgerufen am 13.12.2021.
80 Vgl. https://www.faz.net/aktuell/politik/ausland/china-unter-anklage-voelkermord-an-den-uiguren-in-xinjiang-17675796.html , abgerufen am 13.12.2021.

Raumordnung kam es zu bevölkerungspolitisch argumentierten Umsiedlungen, Ausweisungen, Deportationen, Internierungen und anschließenden Tötungen, Experimenten oder Geburtenkontrollen; Dies betrifft nicht nur die Zeit des Zweiten Weltkriegs, sondern diese Praktiken lassen sich ebenfalls über Jahrhunderte bis in die Gegenwart feststellen.

Analogien gibt es immer, man muss aber natürlich aufpassen, welche Phänomene man miteinander vergleicht, da es Diskriminierungen unterschiedlicher Stärke gibt. Übergeordnet sind sich jedoch verschiedene Formen und Schweregrade der Diskriminierung sehr ähnlich.

Mechanismen der Diskriminierung: Sprache und Raum, Notwendigkeit und Ausnahmezustand

Um eine Gruppe zu diskriminieren, muss man sie – der Etymologie vom Lateinischen „discriminare"[81] gemäß – von einer anderen, hegemonialen, d.h. mehrheitlichen und machtvollen Gruppe unterscheiden, trennen, absondern oder abgrenzen. Dies geschieht in einem weiteren Schritt räumlich, wie oben beschrieben, es geschieht aber zuvor vor allem auch sprachlich, nämlich semantisch (die Bedeutung von Sprache betreffend) und diskursiv.

Die Formen und Kriterien einer Abtrennung von Bevölkerungsgruppen sind dabei verschieden in Härte und tatsächlicher „Notwendigkeit", die Mechanismen dahinter bleiben im Wesentlichen gleich. Notwendigkeit habe ich hier gleich unter Anführungszeichen gesetzt, weil immer wieder die angeblich unabwendbare Notwendigkeit als Argument für Diskriminierung verwendet, ja, vorgeschoben wurde und wird und mit einem damit notwendig einhergehenden gesellschaftlichen Ausnahmezustand korreliert[82], der die Diskriminierung recht-

---
81 Vgl. https://www.duden.de/rechtschreibung/diskriminieren, abgerufen am 13.12.2021.
82 Diese angebliche Notwendigkeit hängt mit einem verhängten Ausnahmezustand zusammen, mit dessen Hilfe alle möglichen, zuvor untragbar empfundene Maßnahmen gerechtfertigt werden können. Solche Phänomene kann man durch die Geschichte immer wieder feststellen. Die Journalistin Naomi Klein hat etwa in ihrem Buch „Die Schock-Strategie" gezeigt, wie der Katastrophenkapitalismus davon lebt, dass militärische bzw. wirtschaftliche Krisen oder Umweltkatastrophen zu Privatisierungen und Verschärfungen neoliberaler Strukturen führen, vgl. Naomi Klein: Die Schock-

fertigen soll. Dies kann man anhand der Diskussionen um die sogenannte „Volksgesundheit" erleben, die die Corona-Krise angestoßen hat: Auf der ganzen Welt wurden mit Blick auf die „Volksgesundheit" Diskriminierungen durchgesetzt; 2G in Deutschland und Österreich[83], massive Lockdownbeschränkungen und Teil-Impfpflicht in Frankreich[84], Quarantänelager[sic!] für Infizierte in Australien[85] usw. Die Liste an demokratiepolitischen Verfehlungen und Abgründen ließe sich endlos fortsetzen.

Die Guten und die Bösen, die Überlegenen und die Unterlegenen

Ein weiterer Schritt der Diskriminierung ist, dass eine emotionale Abtrennung der Gruppen vollzogen wird: Stets wird versucht, die eine Gruppe (moralisch, sozial, „rassisch", kognitiv usw.) überlegener als die andere zu konstruieren.[86] Banal heruntergebrochen: Die einen sind besser, die anderen sind schlechter. Dadurch werden die Guten belohnt (dies dann oft in tatsächlicher Weise) und fühlen sich ab einem gewissen Zeitpunkt auch besser, überlegener, moralischer. Die diskriminierte Gruppe hingegen fühlt sich mehr und mehr bedrängt, fühlt sich schlecht, verliert an Selbstvertrauen, ordnet sich unter oder reagiert mit Gegendruck, Aggression und Widerstand. Viele Diskriminierte werden jedoch versuchen zu konvertieren, so dies überhaupt möglich ist, um auch zu den „Guten" zu werden.

Des Weiteren wird versucht, die abgewertete Gruppe zu homogenisieren und deren Komplexität durch eine einseitige Fremdzuschreibung zu reduzieren, wobei auch die hegemoni-

---

Strategie. Der Aufstieg des Katastrophen-Kapitalismus. Fischer 2009. Nicht weniger relevant ist der Begriff des (gesellschaftlichen) Ausnahmezustands als demokratiegefährdendes Dauer-Phänomen der Gegenwart bei Giorgio Agamben, vgl. Giorgio Agamben: Homo sacer II. Suhrkamp 2004.
83 Vgl. vorige Blog-Einträge meinerseits.
84 Vgl. https://www.tagesschau.de/ausland/europa/frankreich-impfpflicht-coronavirus-101.html, abgerufen am 13.12.2021.
85 Vgl. https://www.bbc.com/news/world-australia-59486285 bzw. https://www.nytimes.com/2021/08/20/world/australia/howard-springs-quarantine.html, abgerufen am 13.12.2021.
86 Vgl. die Definition von Amnesty International in der ersten Fußnote dieses Essays.

ale Gruppe eine reduzierte Fremdzuschreibung, allerding eine positive, erhält. Eine differenzierte Betrachtung der Gruppe(n) ist nicht gewünscht, sondern Generalisierungen werden vorgenommen.

Ein weiterer Mechanismus der Diskriminierung ist, dass problematische Gruppierungen (im Fall von Corona: tatsächliche Verschwörungstheoretiker, Rechtsextremisten und andere Radikale), die jedoch nur einen kleinen Teil darstellen, auf das gesamte Spektrum der Diskriminierten übertragen werden. Als rhetorische Figur wird dies pars pro toto bezeichnet: der Teil für das Ganze.

Je nachdem, welche Ideologie den hegemonialen Diskurs beherrscht, ändern sich diese pauschalen Werturteile. Früher hieß es in den Boulevardmedien im Hinblick auf Minderheiten oft: „Ausländer sind kriminell", „Roma und Sinti („Zigeuner") stehlen/betteln", „Schwarze sind Drogendealer", „Demonstrierende sind faule Studenten, die zu viel Zeit haben und lieber arbeiten gehen sollen", „Friedensaktivistinnen und -aktivisten sind naive Weltverbesserer" usw. Mit sich ändernden Ideologien sind auch die Fremdzuschreibungen andere, die Strukturen bleiben jedoch gleich. Plötzlich erleben wir, dass Feministinnen, die sich gegen die Ersetzung des Wortes „Frau" mit „gebärende Person" wehren, als transphob bezeichnet werden, dass Kritiker einer uneingeschränkten Migrationspolitik oder Kritiker von religiösem Fundamentalismus automatisch und immer mit Rechtsextremen in Verbindung gebracht werden, oder dass Regierungskritik mit der Leugnung einer oftmals schweren Krankheit korrelieren soll. Maßnahmenkritiker sind nun grundsätzlich asoziale Maskenverweigerer und Kritiker einer spezifischen Impfung sind automatisch generelle Impfgegner und Esoteriker. Alternativmediziner sind plötzlich allesamt Scharlatane und Menschen, die Mega-Konzerne und Pharmalobby kritisieren, lehnen uneingeschränkt die „Schulmedizin" ab.

Ob die Zunahme totalitärer Tendenzen mit der nun vermeintlich linken Mainstreamideologie zu tun hat, oder damit, dass sich ganz generell in Krisenzeiten Demokratien sehr rasch ins Totalitäre und Autoritäre entwickeln, muss an einer anderen Stelle besprochen werden. Ich tippe jedoch eher auf Zweiteres.

Die Bevorzugten

Im Laufe der Zeit beginnt in einem solchen diskriminierenden Eskalationsprozess auch die bevorzugte Gruppe, alle Aspekte dieser Diskriminierung zu verinnerlichen und durch Wiederholung (sei es im Sprechen, sei es im Handeln) mit den immer selben Floskeln zu perpetuieren und als richtig, notwendig und legitim zu empfinden. Durch Medien, Politik und Personen des öffentlichen Lebens wird das Framing mithilfe steten Thematisierens wie ein geschürtes Feuer am Leben erhalten und eine alternative Realität entwickelt.[87]

Ab einem gewissen Zeitpunkt werden Ursache und Wirkung vertauscht und Eskalation vonseiten der unterdrückten Gruppe wird als Beweis für die Notwendigkeit ihrer Unterdrückung gesehen. Kleine Teile der Unterdrückten radikalisieren sich, driften in terroristische Bereiche oder in Gewalt ab oder flüchten sich in immer abgekapselteres, radikaleres Denken.

Auch all dies wird öffentlich nicht in einem Ursache-Wirkung-Verhältnis gesehen, sondern als Beweis für die von Anbeginn vorhandene Gefährlichkeit der „Bösen".

Am Ende sind das alles natürlich keine von vornherein gezielten und gesteuerten Maßnahmen vonseiten der Mächtigen, sondern eine Dynamik, die sich jedoch oftmals ähnlich entwickelt und gewissermaßen „passiert". Oder aber Machthaber schauen sich Strategien von anderen Nationen ab.

---

[87] In einer derart durchmedialisierten Welt wie der unsrigen gilt dies natürlich auch für die mediale „Gegenseite" und generell für das mediale Dauerrauschen. Dieser Aspekt soll jedoch in einem anderen Blog-Beitrag thematisiert werden.

Beispiel Apartheid

Südafrika hat mit der als Apartheid bekannten Rassentrennung von Weißen und Schwarzen traurige Berühmtheit erlangt, die die weiße Bevölkerung bevorzugte und die Gruppe der schwarzen Bevölkerung massiv unterdrückte, benachteiligte und diskriminierte.[88]

Dabei ist die rassistische Segregation von Menschengruppen ohne Frage der diskriminierende Höhepunkt, der jahrhundertelang vollzogen, durch imperiale und koloniale Praktiken gestützt wurde und im 20. Jahrhundert etwa durch den Nationalsozialismus seine brutale Klimax erfuhr, aber auch bis heute in aller Welt starke Nachwirkungen hat. 130 Jahre nach Ende der Sklaverei in den USA sind etwa die Nachwirkungen immer noch enorm.

Das Bedrückende an der rassistischen Diskriminierung ist, dass Betroffenen suggeriert wird, dass allein ihre Existenz als „falsche Rasse" das Problem ist und sie nichts dagegen tun können. Für sie gibt es keine gelingende Anpassung, denn die Möglichkeit, zur hegemonialen Gruppe zu konvertieren, ist nicht vorhanden.

Neben der rassistischen Diskriminierung gibt es jedoch noch weitere Formen: Jene nach religiösen, geschlechtlichen, sozialen, allgemein körperlichen und gesinnungsmäßigen, d.h. politischen, weltanschaulichen Gesichtspunkten. Gerade letzterer Punkt spielt bei der Corona-Thematik eine wesentliche Rolle.

Ungeimpfte und Geimpfte…und bald wieder Ungeimpfte?

Der gegenwärtige Fall von Diskriminierung ist nun die Einteilung der Bevölkerung in geimpfte und ungeimpfte Personen. Da an der Ablehnung oder an der Affirmation der Impfung

---

[88] Bei genauem Hinsehen wurde die Trennung nach dem sogenannten Population Registration Act von 1950 in drei Gruppen vollzogen, nämlich in white, coloured, black, Vgl. https://www.britannica.com/topic/Population-Registration-Act, abgerufen am 15.11.2021.

oftmals ein Rattenschwanz an weltanschaulichen Ansichten und ideologischen (Vor-)Annahmen hängt, fällt diese Art der Diskriminierung unter die Gesinnungsdiskriminierung.

Denn wer ungeimpft ist, verliert mittlerweile seine Gleichwertigkeit in der Gesellschaft, weil er/sie angeblich rechts, rechtsextrem, esoterisch, egoistisch, ungebildet, unsolidarisch oder gar alles auf einmal ist.[89]

Auch hier sieht man bei genauerer Betrachtung, dass beide Gruppen, die der Guten (Geimpfte) und die der Bösen (Ungeimpfte) natürlich heterogener sind, als man das annehmen kann. Weder sind ungeimpfte Personen automatisch Esoteriker und Neonazis noch sind Geimpfte völlig manipulierte Lemminge, die von der Impfung und den rigiden Maßnahmen vollkommen überzeugt sind.

Im Gegenteil: Gerade letzterer Punkt der „braven" Geimpften korrodiert mehr und mehr. Warum? Ganz einfach: Vertrauensverlust.

Weil die Impfung nicht wie gedacht mehrere Jahre hält, ja, weil sie nicht einmal ein Jahr hält, sondern nur etwa ein halbes Jahr.[90] Weil man aber den Menschen versprochen hatte: Zwei Mal und dann hast du deine Ruhe. Weil man immer noch Menschen anstecken kann (und das nicht zu knapp) und nur in den ersten Monaten der Impfung ein Schutz vor Ansteckung vorhanden ist.[91] Weil zwar gesagt wird, dass die Wahrschein-

---

89 Als Beleg dieser populistischen Zuschreibungen sei auf die beinahe gesamte Berichterstattung der österreichischen Tageszeitung „Der Standard" in den letzten 20 Monaten verwiesen. Kritische Artikel, wie Beiträge von András Szigetvari und Ortwin Rosner bildeten die große Ausnahme. Gerade letzterer wurde jedoch erst unlängst vom Standard zensiert; sein Online-Beitrag „Corona-Populismus: Wie man den Hass auf die Ungeimpften gezüchtet hat" vom 06.12.2021 wurde nach nur einem Tag wieder vom Netz genommen. Zu Rosners Stellungnahme diesbezüglich vgl. https://keinzustand.at/ortwin-rosner/2-2-5/?fbclid=IwAR0TduAWE0E1_oIvgQZTAjqDjGG9m6iOioEw-3t7V6hIbp2Gm5sNoYehGWAk, abgerufen am 13.12.2021.
90 Vgl. https://www.br.de/nachrichten/wissen/corona-impfung-so-lange-wirken-biontech-moderna-co,SoN1EjE , abgerufen am 13.12. 2021. [18] Vgl. https://www.mdr.de/wissen/biontech-pfizer-impfung-schutzwirkung-sinkt-schon-nach-drei-monaten-100.html, abgerufen am 13.12.2021.
91 gl. https://www.mdr.de/wissen/biontech-pfizer-impfung-schutzwirkung-sinkt-schon-nach-drei-monaten-100.html, abgerufen am 13.12.2021.

lichkeit eines positiven PCR-Tests durch eine Impfung signifikant reduziert wird, man aber gleichzeitig einräumt, dass das genaue Ausmaß der Reduktion von Virusübertragungen unbekannt ist.[92]

Und weil viele Geimpfte bald zu Ungeimpften werden: Diejenigen, die den dritten Stich verweigern und im Sommer/Spätsommer geimpft wurden, werden in den nächsten Monaten den Status „ungeimpft" erhalten. Jene, die einmal mit Johnson & Johnson geimpft wurden, werden gar schon ab 03.01.2022 zu bösen Ungeimpften.[93]

Weil die Impfpflicht in Österreich am Ende wohl bedeutet, dass Menschen sich möglicherweise alle 4-6 Monate impfen lassen müssen oder weil es zumindest unklar ist, ob das mit den Boostern ad infinitum so weiter geht. Und wie es schon in der Vergangenheit war, so wird nun mit der erneuten Virusmutation (Omikron) die Notwendigkeit der vierten Impfung herbeiargumentiert.[94]

Am Ende zeigt sich also: Jene, die sich artig impfen ließen, sind längst nicht mehr freier, denn ihr notwendiger Gehorsam wird auf unbestimmte Zeit ausgedehnt, und wer einen Termin verpasst, kann schnell auch zum gemeinen Coronaleugner werden; die eigene Freiheit ist am Ende nicht unveräußerlich, sondern an die Gültigkeit des grünen Passes gekoppelt.

Und noch ein letzter Nachtrag: Was ist eigentlich mit den Rechten der vielen genesenen Personen? Sie tauchen im Impfnarrativ kaum mehr auf. Vielleicht, weil es unangenehm ist, dass man sie weder impfen noch drangsalieren müsste? Hierzu ein anderes Mal mehr...

---

[92] Das RKI in Deutschland schreibt dazu:„ In welchem Maß die Impfung die Übertragung des Virus reduziert, kann derzeit nicht genau quantifiziert werden."- https://www.rki.de/SharedDocs/FAQ/COVID-Impfen/FAQ_Liste_Wirksamkeit.html, abgerufen am 13.12.2021.
[93] Vgl. https://gruenerpass.gv.at/geimpft/, abgerufen am 13.12.2021.
[94] Vgl. https://www.tagesschau.de/inland/innenpolitik/pandemie-deutschland-auffrischung-impfung-101.html, abgerufen am 13.12.2021.

SPRACHLICHE ESKALATION

28.12.2021

„Wäre die Spaltung der Gesellschaft wirklich etwas so Schlimmes? Sie würde ja nicht in der Mitte zerbrechen, sondern ziemlich weit rechts unten. Und so ein Blinddarm ist ja nicht im strengeren Sinne essentiell für das Überleben des Gesamtkomplexes." [95]

- Sarah Bosetti, deutsche Satirikerin und Autorin

Die Grenzen meiner Sprache

Bevor ich auf das unrühmliche Eingangszitat von Sarah Bosetti Bezug nehme, möchte ich doch einmal ganz grundsätzlich beginnen und mich erst im zweiten Abschnitt den sprachlichen Entgleisungen widmen.

„Die Grenzen meiner Sprache bedeuten die Grenzen meiner Welt" schreibt Ludwig Wittgenstein in seinem philosophischen Hauptwerk, dem Tractatus logico-philosophicus.[96] Auch wenn seine philosophische Auffassung von Welt und Sprache sehr sprachzentriert ist und schließlich davon ausgeht, dass es genaugenommen kein Außerhalb der Sprache gibt, so steckt doch viel Wahrheit in diesem Satz; viele Menschen, die sich mit Sprache beschäftigen, versuchen, der Macht und Bedeutung des Sprachlichen für die Konstruktion unserer Wirklichkeit auf den Grund zu gehen. Welt und Wortschatz: Sie bedingen einander.

Haben wir es in den letzten zwei Jahren nicht gemerkt? Eine neue Krise bedeutet einen erneuerten Wortschatz, um sprachlich zu greifen, was sonst schwer zu fassen wäre. Plötzlich sind die wissenschaftlichen Begriffe wie „R-Wert", „Inzidenz", „evidenzbasiert", „Vektorimpfstoff", „Viruslast" usw. usf. in unseren allgemeinen Sprachgebrauch eingegangen. Neue Herausforderungen benötigen meist eine neue Sprache und eine neue Sprachverwendung. Um die Dinge beherrschbar zu halten, um die komplexen Inhalte und Ereignisse zu fassen. Leider hat sich

---
95 https://twitter.com/maternus/status/1467106205957033987/photo/1, abgerufen am 27.12.2021.
96 Ludwig Wittgenstein. Tractatus logico-philosophicus. Logisch-philosophische Abhandlung. Suhrkamp 2003, S.86.

jedoch innerhalb dieser Krisenzeit mehr und mehr eine Eskalation der Sprache hergestellt, die nicht für Komplexität, nicht für differenziertes Denken, nicht für Problemlösung steht. Es ist die Sprache der Diffamierung, des Hasses, der Verkürzung, der Schuldzuweisung. Es ist die Sprache hohler Phrasen und ständiger Wortwiederholungen, eine arme Sprache voller plumper und unreflektierter Worthülsen.

Eskalation und Begnadigung

Wie weit diese Eskalation bereits fortgeschritten ist, wurde mir auch an anderer Stelle bewusst.

Durch einen Beitrag zweier Polit-Kommentatoren, die auf ihrem YouTube-Channel 0punkt unter dem Titel „Alles Gute Österreich" die gegenwärtige Politik und die mediale Berichterstattung ironisch-bissig kommentieren/analysieren, bin ich auf das ORF-Interview von Lou Lorenz-Dittelbacher mit dem Epidemiologen Gerald Gartlehner der Donauuniversität Krems vom 17.12.2021 gestoßen.[97] Die in diesem Interview vorkommende sprachliche Entgleisung ist das jüngste Beispiel eines unreflektierten bis zynischen Umgangs mit Sprache.

Die Kommentatoren von 0punkt weisen in ihrem Beitrag nämlich zu Recht daraufhin, dass die im Interview auftauchende medial-politische Bezeichnung „Weihnachtsamnestie" für die Tatsache, dass nun auch ungeimpfte Personen mit ihrer Familie Weihnachten feiern dürfen, eine Gleichsetzung Ungeimpfter mit Häftlingen bedeutet.[98] „Weihnachtsamnestie" bedeutet eben ursprünglich nichts weniger als die frühzeitige Entlassung (also Begnadigung) von Häftlingen aus dem Gefängnis durch die Regierung rund um Weihnachten, ja, mitunter sogar der Entfall der Todesstrafe in Ländern, wo sie üblich ist. Das Bedeutungsfeld der „Kriminalität" in Kombination mit „Ungeimpften" ist dabei wohl kein Zufall, wenn man sich die Mehrzahl der Berichterstattungen rund um das Thema der

---

97 Vgl. https://tvthek.orf.at/profile/ZIB-2/1211/ZIB-2/14117284/Epidemiologe-zu-den-Lockerungen/15059072 , ca. ab Minute 05:18, abgerufen am 22.12.2021.
98 Vgl. https://www.youtube.com/watch?v=YTSARyRtPXI&t=1150s , ca. ab Minute 6:21, abgerufen am 22.12.2021.

Anti-Corona-Demos oder überhaupt kritischer Stimmen genauer ansieht: Nach der gefährlichen Eskalation der kriminellen Ungeimpften auf den Demos[99] (auch wenn viele geimpfte Personen ebenso auf den Demonstrationen sind) folgt die gnädige Amnestie vonseiten des Staates.

Immerhin entlarvten sich Regierung und Medien selbst, wenn sie mit solchen Begriffen klarmachen, wie viel Bürgerinnen und Bürger ohne Covid-Impfung ihnen noch wert sind.

Unheimlich an der Sache ist jedoch nicht nur die Verwendung des Begriffes selbst, sondern, dass er weitgehend widerspruchslos angenommen wird.

Wie auch die Kommentatoren von 0punkt frage ich mich: Wieso akzeptieren wir mittlerweile eigentlich als Gesellschaft völlig unkritisch solche Begriffsverwendungen? Und das in einer Gesellschaft, die ansonsten eine beachtliche Pedanterie an den Tag legt, wenn es um diskriminierende Begriffe geht? Eine Gesellschaft, wo in den (sozialen) Medien und insbesondere von „linker" Seite immer wieder davon gesprochen wird, dass man „woke" sein muss, also wach und hellhörig gegenüber Benachteiligungen und Diskriminierungen verschiedenster Art? Schon erstaunlich. Während nämlich auf sprachliche und sonstige Eskalationen von der „falschen" Seite sofort eine Welle der Empörung folgt, sind Entgleisungen von der „richtigen" Seite offenkundig völlig in Ordnung und fallen gar nicht weiter auf, ziehen auch keine Konsequenzen nach sich.

---

99 Ich distanziere mich an dieser Stelle natürlich von jeglicher Form tatsächlich radikalisierten Protestes, lehne jedoch pauschale Urteile und diffamierende Fremdzuschreibungen ab. Immerhin muss man dem ORF zugestehen, dass der Politikwissenschaftler Thomas Schmidinger auch kritisch zu Wort kommt, wenn es um das Sündenbockdenken geht, das in der Gesellschaft um sich greift vgl. https://vorarlberg.orf.at/stories/3134272/ , abgerufen am 27.12.2021. Gleichzeitig ist es interessant, dass Schmidinger sich unwidersprochen dazu äußert, dass die Wortwahl („türkises Ungeziefer") vonseiten der Demo-Veranstalter verroht ist. Dies „erinnert natürlich an vergangene Sprachformen, sage ich mal in der Politik, die wir nicht wiederhaben wollen." Ich sehe das natürlich auch so, muss an der Stelle jedoch anmerken, dass zeitgleich jedwede Analogie vergangener Sprachformen bei dem Umgang mit Ungeimpften immer wieder empört zurückgewiesen wird.

Die paradoxe Sprache und „Logik" der neuen Normalität

Aber die Eskalation der Sprache begann schon sehr früh in der Pandemie: Der übergeordnete Begriff der „Neuen Normalität" hat gewissermaßen den Rahmen vorgegeben, in welchem sprachliche Bedeutungsverschiebungen und Umdeutungen stattfanden und damit einhergehende gesellschaftlichen Umbrüche einleiteten.

Die „neue Normalität" ist nicht weniger als das Setzen einer völlig veränderten Realität. Innerhalb dieser neuen Normalität als neue Realität finden alle sprachlichen Tabubrüche und Bedeutungsverschiebungen statt, die uns seither heimsuchen.

Ziemlich rasch wurde etwa damit begonnen, Wissenschaft und Wissenschaftlichkeit zu politisieren oder, um es deutlicher zu sagen: Zu missbrauchen.

„Vernunft" wurde vom philosophischen Erkenntnisprinzip zu Gehorsam und Folgsamkeit uminterpretiert[100] und Kritik wurde mit Verweis auf angebliche „Wissenschaftsfeindlichkeit" und „Fake-News" generalisierend abgeschmettert. Während sich irrende Wissenschaftlerinnen und Wissenschaftler, die jedoch die Regierungslinien unterstützen, in einem Lernprozess waren und sind[101], so waren selbst renommierte Kritiker, die jedoch andere Thesen vertraten, in der medialen Berichterstattung automatisch Verbreiter von Fehlinformation.[102] Dass ein Christian Drosten, der noch vor vier Monaten eine Booster-Impfung für alle als unnötig bezeichnete[103], nun der Verbreitung von Fehlinformation bezichtigt würde, würde aber wohl niemandem einfallen. Dass die Virologin Dorothee

---

100 Vgl. mein Blog-Beitrag gemeinsam mit Rebecca Mossop namens „Brave New Words"- https://www.jandavidzimmermann.com/post/brave-new-words-neue-normalit%C3%A4t-und-vernunft-als-gehorsam-in-techno-medialen-corona-diskursen, abgerufen am 23.12.2021.
101 Vgl. https://www.gg-digital.de/2021/01/wir-wissen-zu-wenig/index.html, abgerufen am 23.12.2021.
102 Vgl. etwa der Fall Hockertz, der von verschiedenen Faktenchecker-Portalen „widerlegt" wurde: https://correctiv.org/faktencheck/2020/04/02/coronavirus-nicht-gefaehrlicher-als-grippe-warum-stefan-hockertz-behauptungen-in-die-irre-fuehren/ , abgerufen am 27.12.2021.
103 Vgl. https://www.tagesschau.de/inland/innenpolitik/corona-schutzimpfung-drosten-101.html, abgerufen am 28.12.2021.

van Laer im September davon sprach, dass wir noch eine Million immunisierte Menschen in Österreich brauchen, damit die Pandemie vorbei sei[104], nur um dann dreieinhalb Monate später davon zu fantasieren, dass mitunter nur mehr dreifache Geimpfte am öffentlichen Leben teilnehmen dürfen[105] und die Pandemie offenkundig nicht vorbei ist, ist offenbar keine Fehlinformation und wird ihr nachgesehen.

Erneut ein interessantes Messen mit zweierlei Maß, für das es seit Beginn der Pandemie dutzende Beispiele gibt, wie ich sie auch oben bereits genannt habe. Ein weiteres: Während etwa mittlerweile politisch völlig eindeutig sein dürfte, dass Omikron brandgefährlich ist[106], geben Virologen zu bedenken, dass man eigentlich zu wenig wisse, um hier wirklich etwas zu sagen und sich gegen vorschnelle Spekulationen aussprechen.[107] Ist das nicht interessant? Spekulationen von der falschen Seite sind unsolidarisch und lebensgefährlich, Spekulationen von politisch richtiger Seite, vonseiten der Macht und Hegemonie sind offenbar völlig in Ordnung.

Gleichsetzung, Assoziationen und Euphemismen

Über die ellenlange Liste solcher argumentativen Paradoxien werde ich an anderer Stelle noch einmal gesondert schreiben.

Zurück aber zum Begrifflichen. Beliebt sind in der politisch-medialen Sprache besonders Begriffe, die Assoziationen zu anderen Begriffen zulassen, die man jedoch oftmals erst auf den zweiten Blick identifizieren kann.

Eine derartige Kuriosität sind etwa die Bezeichnungen „impfwillig", „impfunwillig", „Impfwillige"[108], „Impfunwillige".

---

104 Vgl. https://www.kleinezeitung.at/politik/innenpolitik/6032703/Virologin-Von-Laer_Wir-brauchen-noch-eine-Million-Immunisierte-um, abgerufen am 28.12.2021.
105 Vgl. https://kurier.at/politik/inland/von-laer-ich-bin-mittlerweile-fuer-eine-1-g-loesung/401851276, abgerufen am 28.12.2021.
106 Vgl. Karl Lauterbachs Aussagen zu Omikron in Deutschland; https://www.berliner-zeitung.de/politik-gesellschaft/faktencheck-lauterbach-ist-omikron-fuer-kinder-gefaehrlich-li.199834, abgerufen am 27.12.2021.
107 Vgl. Die Aussagen des Virologen Schmidt-Chanasit: https://www.rnd.de/gesundheit/corona-variante-omikron-virologe-schmidt-chanasit-warnt-vor-spekulationen-UDFNCY0ZRDZXDBCCLKN6GDBHQM.html, abgerufen am 23.12.2021.
108 Auch wenn der Begriff in der Medizin üblich ist, so wurde er insbesondere ab 2021 übermäßig und inflationär verwendet: Während die Stichwort-Suche nach „Impfwillige" im Jahr 2020 in deutschen Medien nur 1626 Ergebnisse liefert, finden sich seit Anfang 2021 bereits über 34000 Ergebnisse zu dem Stichwort in den deutschen

Auch sie deuten auf eine völlig unkritische Sprachverwendung hin, die historisches Fingerspitzengefühl vermissen lässt: Von den Impfwilligen ist es assoziativ nicht weit zu den „Hilfswilligen". Und wer war damit gemeint? Als Hilfswillige (in Kurzform „HiWis") wurden jene Menschen beschrieben, die im Zweiten Weltkrieg in okkupierten Gebieten (des Ostens) der deutschen Rüstungsindustrie, aber auch der Wehrmacht zuarbeiteten und manchmal mehr, manchmal weniger in kriegsverbrecherische Machenschaften involviert waren.[109]

Ein weiterer Aspekt in der neu-normalen Sprachverwendung ist jener der Gleichsetzung. Wie ich bereits mehrfach am Beispiel der Demonstrationen klargestellt habe, werden Demonstrationen gegen die politischen Corona-Maßnahmen, Impfpflicht etc. automatisch als Aufmarsch von Impfgegnern und Rechtsextremen bezeichnet.

Übrigens ist es auch eine unverschämte Gleichsetzung, wenn Menschen einen Davidstern mit dem Schriftzug „ungeimpft" tragen und damit die rassistische Verfolgung von Juden durch den Nationalsozialismus mit der Ausgrenzung der Ungeimpften gleichsetzen. Welche Analogien von Ausgrenzungsmechanismen es gibt und inwiefern sich diese über die Jahrhunderte stark gleichen, habe ich jedoch in meinem letzten Beitrag genau analysiert.[110] Als eine ebenso verkürzte und pejorative Gleichsetzung kann man es bezeichnen, wenn Geimpfte von ungeimpften Personen als „Schlafschafe"[111] bezeichnet werden. Auch mit dem Wort „Faschismus" wird am Ende viel zu flapsig umgegangen (übrigens von allen möglichen politischen Seiten) und er bedürfte mit Blick auf die gegenwärtige Situation einer genauen Untersuchung.

Und wenn man schon beim Thema Geschichte ist: Ein Beispiel für einen völlig ahistorischen und unsensiblen Umgang

---

Medien. Dies ergab meine Online-Recherche über das Portal Wisonet, eine Mediendatenbank für Hochschulen an 23.12.2021.
109 Vgl. Thomas Nigel: Hitlers Eastern Legions 1942-1945. Bloomsbury 2020.
110 Vgl. https://www.jandavidzimmermann.com/post/raum-und-ausgrenzung, abgerufen am 23.12.2021.
111 Kurios ist dabei: Bei oberflächlichen Online-Recherchen finden sich eigentlich nur pejorative, satirische und dokumentarische Beiträge zum Thema Schlafschaf und Verschwörungstheoretiker oder kritische Berichte und Blogs zu dem Phänomen der Verschwörungstheorien.

mit Sprache ist der Begriff „Corona-Leugner". So es Leute gibt, die Corona wirklich noch leugnen, sind sie wohl erstens völlig in der Minderheit. Zweitens verweist der zweite Teil des Begriffes mit „Leugner" (hier wird übrigens plötzlich nicht mehr gegendert, das aber nur am Rande) ganz klar auf das Phänomen des Holocaust-Leugnens. Menschen also, die aus verschiedenen (teils fundierten, teils verständlichen, teils nicht nachvollziehbaren) Gründen die Covid-Impfung ablehnen oder Maßnahmen kritisieren, werden mit dem Begriff der Leugnung in die Nähe der schlimmsten aller Leugnungen gebracht. Oder fällt meinen Leserinnen und Lesern sonst eine Leugnung ein, die derart moralisch verwerflich, (in einigen Ländern strafrechtlich relevant) und abstoßend ist? Mir nicht.

Ein weiteres beliebtes Mittel im politischen Umgang mit Sprache ist der Euphemismus. „Corona-Maßnahmen" verweist in sehr gewitzter Weise darauf, dass hier Einschränkungen vonseiten der Politik geschehen, diese aber Corona allein angelastet werden müssen und neutral als Maßnahmen tituliert werden, ganz so, als hätte die Politik nichts damit zu tun. Es ist ein Euphemismus dafür, dass die Politik so gravierend wie schon Jahrzehnte nicht in unser Leben eingriff und eingreift (auch wenn dies in zumindest manchen Punkten nachvollziehbar und vermutlich notwendig ist/war). Euphemismen sind grundsätzlich ein beliebtes politisches Mittel, um das Unzumutbare den Bürgern zumutbar zu machen. „Social Distancing" und „Kontaktreduktion" klingt eben viel netter als Vereinzelung.

Und „boostern", eine technische Metapher, die an Sportwagen erinnert, klingt doch viel innovativer als „Auffrischungssimpfung" – ein Begriff, der nämlich verdeutlicht, dass die Impfung offenbar doch nicht so lange und gut schützt wie gedacht/gehofft.

Interessanterweise hat man beim Wort „Lockdown" keine Euphemismen angewandt, sondern den finsteren Begriff wie einen Monolithen immer wieder auf unseren Kopf fallen lassen. Möglicherweise, weil LOCK-DOWN den Ernst der Lage unterstreichen soll.

Hass spricht: Bosetti, Sargnagel und Co.

Nun bringe ich endlich Bosetti ins Spiel. Das Zitat von Sarah Bosetti hätte es eigentlich nicht verdient, als Eingangszitat verwendet zu werden. Es sollte aber verdeutlichen, wie weit wir in dieser Krise sprachlich schon gekommen sind und wie weit sprachlich manche von denen gekommen sind, die sich hauptberuflich mit Sprache beschäftigen. Bosetti hatte den Blinddarm-Vergleich sowohl in der ZDF-Reihe „Bosetti will reden" gebracht als auch auf Twitter verschriftlicht. Da sie nachher einen Shitstorm erhielt (von rechter Seite und rechten Journalisten, wie sie behauptet), hat sie ein „Entschuldigungsvideo" gedreht, das beinahe schlimmer ist als das Zitat selbst und eben nicht von einem Sprachbewusstsein zeugt, sondern von einer selbstgerechten Attitüde, mit welcher man klarmacht, dass man einer von den Guten und Richtigen ist. Bosetti entgegnet in dem Video, dass die Kritik an ihrem Statement ja gar nicht stimmen könne, weil sie (angeblich) von rechter Seite komme und Bosetti das Wort Blinddarm ja nicht wie ein Nazi verwende. Sie schlussfolgert: „Menschen mit Körperteilen zu vergleichen ist in unserem Sprachgebrauch ja nicht direkt unüblich."[112] Jeder historisch gebildete Mensch kann sich auf eine solche Art der „Entschuldigung" seinen eigenen Reim machen.

Das Zitat steht am Ende ohnehin für sich selbst und verdeutlicht, dass es nicht aus einem Satireprogramm stammt, wo die Satirikerin bloß eine Rolle spielt und damit kritisch auf die argumentativen Abgründe der Gesellschaft verweist, ihr dabei einen Spiegel vorhält; sondern diese Aussage ist selbst ein solcher Abgrund.

Ein Abgrund, der sich seit fast zwei Jahren mehr und mehr vertieft und das vielfach vonseiten jener Menschen und Medien, die sich ansonsten immer gerne über diskriminierende Sprache empören und sich nicht selten als Sprachpolizei

---

[112] Vgl. https://www.youtube.com/watch?v=d4QIFFS53Rc, ab Minute 4:05, abgerufen am 28.12.2021.

aufspielen. Vielfach ist diese Empörung nachvollziehbar, so es sich um tatsächliche Drohungen, rassistische, sexistische Beschimpfungen usw. handelt, die natürlich ernst zu nehmen sind und gegen die teilweise vorgegangen werden muss. Insbesondere die Rubrik des Hass-Kommentars hat seit dem Aufschwung von Social Media eine deutliche Zunahme bekommen. Homophobie, Rassismus, Antisemitismus und dergleichen tummeln sich im World Wide Web, oft auch hinter anonymisierten User- und Userinnen-Namen.

Irreführend ist bei der Thematik „Hass im Netz" allerdings, dass kolportiert wird, alle Hass-Kommentare würden nur von rechts bzw. rechts außen kommen. Ein großer Irrglaube, welcher der Komplexität dieser Thematik nicht gerecht wird, wie ich an einigen weiteren Beispielen zeigen werde.

Viele, die ansonsten immer wieder aktivistisch betonen, wie wichtig es ihnen ist, gegen Hass im Netz, gegen Gewalt in der Sprache, gegen Sexismus, Rassismus usw. vorzugehen, haben – man verzeihe mir die müde Metapher – nun ihre Maske fallen lassen.

Sie scheinen es vielfach in Ordnung zu finden, die eigenen Maßstäbe über Bord zu werfen oder aber mit mehrerlei Maß zu messen.

Nun ist es plötzlich kein Problem mehr, sprachlich diskriminierend zu agieren, Menschen zu beschimpfen, zu verspotten, sie als dumm, ungebildet, unsolidarisch, gefährlich abzustempeln, sie als Blinddarm der Gesellschaft zu bezeichnen, den man ja leicht entfernen kann.

Besonders spannend wird die Analyse dieser Spracheskalation, wenn man sich erneut dem Thema der Ungeimpften nähert. Eine Zunahme an Gewaltfantasien und Tiermetaphern deuten auf eine Eskalation hin, die nicht nur von der Staatsspitze („die Zügel für die Ungeimpften straffer ziehen", „den Ungeimpften drohen ungemütliche Weihnachten" etc.)[113], sondern gerne auch von Kulturschaffenden und Journalisten verbreitet und zelebriert werden. Der österreichische Journalist Robert

---

113 Vgl. https://orf.at/stories/3236156/, abgerufen am 27.12.2021.

Misik etwa bemüht einmal mehr in einem jüngsten Tweet die plumpe Zuschreibung der Corona-Leugnung mit Blick auf Demonstranten.[114] Dass er sein Mantra an Worthülsen regelmäßig wiederholt, um es vor sich und der Welt glaubhaft zu machen, ist jedoch harmlos im Vergleich dazu, was Misik „humorvoll" auf seiner Facebook-Seite am 12. November mit Blick auf die Impfrate veröffentlichte. Dort postete er das Bild eines Blasrohrschützen und schrieb dazu: „Ein präziser Blow Job" und wieder ist einer geimpft…"[115] Unter dem Deckmantel des Scherzes werden hier sexualisierte Gewaltfantasien zutage gefördert, die einen fassungslos machen. Aber man will natürlich nicht humorlos sein und muss derlei deswegen, wenn nicht witzig, so zumindest erträglich finden. Auch wenn 20 % der Bevölkerung aus dem öffentlichen Leben ausgeschlossen sind und sich die verächtliche Aggression gegen diese Gruppe richtet.

Die Schriftstellerin und Theatermacherin Puneh Ansari argumentiert übrigens am selben Tag ähnlich „lustig" und ist dafür, dass man Scharfschützen mit Impfmunition aufstellen könnte, um die Impfquote zu erhöhen.[116]

Eine weitere Humoristin in diesem Bunde ist Stefanie Sargnagel, die sich von der biertrinkenden, rauchenden Nihilismus-Autorin zur gesundheitsbewussten Corona-Jüngerin gemausert hat und Anfang Dezember in Wien mitsamt ihrer Antifa-Truppe für Innenminister Karner bzw. Nehammer auf die Straße ging. Natürlich, um gegen die bösen Nazi-Demonstranten zu agitieren.

In einer Rede auf dieser Gegendemonstration, die sie selbst auf Instagram als politische Hetzrede bezeichnet, sagt Sargnagel unter anderem mit Blick auf rechte Esoteriker, sogenannte Nazi-Hippies, dass Menschen, die mit Nazis mitmarschieren „Nippies" seien, und zwar „scheiß Nippies." Am Ende ihrer

---

114 Vgl. https://twitter.com/misik/status/1473659074973687808?ref_src=twsrc%5Egoogle%7Ctwcamp%5Eserp%7Ctwgr%5Etweet, abgerufen am 23.12.2021.
115 Vgl. https://m.facebook.com/story.php?story_fbid=10159646084609084&id=538334083 , abgerufen am 23.12.2021.
116 Vgl. https://m.facebook.com/story.php?story_fbid=10221848081255642&id=1366190238 , abgerufen am 23.12.2021. Dieser Post ist nur den Facebook-Freunden Ansaris vorbehalten.

Rede fordert sie ihre grölenden Fans auf, ihr „laut und deutlich nachzusprechen, wenn ich dazu aufrufe: Energiesteine zerschlagen! Einhörner schlachten! Astralkörper verjagen! Nippies in die Klangschalen scheißen! Nippies in die Klangschalen scheißen!"[117]

Nun bin ich weder Apologet rechter Esoterik, noch Fürsprecher der Rechten und Rechtsextremen in den Reihen der Demonstrierenden. Ich bin auch kein Anhänger überhaupt irgendwelcher esoterischer Strömungen, finde diesen Grad an sprachlicher Gewalttätigkeit und Primitivität dennoch beachtlich.

Imperative für Sargnagels Gefolgsleute, banale Beschimpfungen, jenseitige Fremdzuschreibungen übelster Art, kurz: Feindbilderzeugung und Feindbilderhaltung auf niedrigstem Niveau.

Dass Sargnagel allein schon von dem Begriff „Spaltung" nichts hält und jede Art von Dialog als unnötig empfindet, hat sie übrigens schon an anderer Stelle gezeigt: In einer Karikatur, die im Falter erschien und die sie auch auf Instagram gepostet hat, stehen sich zwei Männchen gegenüber, wobei das eine Männchen sagt, dass es die Spaltung der Gesellschaft beängstigend finde und kein Impfgegner sei. Es plädiere für Empathie und dafür, dass man die Entscheidung Anderer respektieren solle, das Männchen würde auch jene respektieren, die sich impfen lassen würden. Daraufhin hüpft das andere Männchen ihm auf den Kopf und kackt ihm ins Gesicht. Als das betroffene Männchen entsetzt fragt, was das soll, antwortet das Kackende: „Respektiers!"[118]

Die Diskursfigur hinter all den Argumentationen dieser Aggression ist allzu leicht durchschaubar: In Ordnung ist es, weil man ja gegen die „Bösen" diskriminierend vorgeht, gegen die

---

117 https://www.instagram.com/p/CXGeruZDw0P/ , abgerufen am 27.12.2021.
118 https://www.instagram.com/p/CWF40-aDDUX/ , abgerufen am 27.12.2021.

Nazis, gegen die Rechten, die Radikalen, so wie auch in obigem Zitat von Bosetti skizziert.

Durcheinandergebracht werden dabei erstens die Begriffe rechts, rechtsextrem, Nazi und Neonazi. Hier werden im aktivistisch verkürzten Jargon (siehe Bosetti) keine Differenzierungen vorgenommen, die dem komplexen politischen Spektrum der Rechten gerecht werden. Um die politischen Positionen von Menschen zu kritisieren, müsste man aber genau wissen, womit man es zu tun hat. Plumpe Fremdzuschreibungen oder gar Projektionen führen da nicht weit. Fairerweise muss man sagen, dass Sargnagel bei aller Idiotie ihrer Worte mit dem Verweis auf Esoterik etwas ausspricht, was streckenweise sicher zutrifft, jedoch nicht die Begründung für die Corona-Proteste liefert. Esoterik hat es zur Zeit moderner Wissenschaft immer gegeben, sie ist jedoch nicht Schuld am gegenwärtigen Unmut der Menschen.

Zweitens gilt offenbar jegliche Form der Kontaktschuld; jeder, der mit Rechten denselben Demozug teilt, wird zum Nazi. Auch, wenn es eigentlich linke Menschen sind. Diese Art der Kontaktschuld gilt auch für Argumente und Gedankengänge. Jeder, der in manchen Dingen dasselbe denkt wie ein Rechter, ist automatisch auch rechts oder gar ein Nazi. Im Übrigen eine grobe Verharmlosung dessen, was „Nazi" wirklich bedeutet.

Drittens erscheint offenbar ausnahmslos jeder rechts, der an bestimmten Meinungsnarrativen Kritik übt und sich ihnen nicht unterwirft, was mit Punkt zwei zusammenpasst.

Ein Beispiel: Der ansonsten eher maßnahmentreue (und geimpfte) Philosoph Richard David Precht wurde mit einem Mal als rechts tituliert, weil er in einem Podcast mit Markus Lanz im Oktober 2021 beim Thema Kinderimpfung skeptisch war und seine Kinder (noch) nicht impfen lassen wollte.[119] Auch wenn Precht an selber Stelle betonte, dass dies nur seine persönliche Meinung und keine Empfehlung sei, (er aber

---

119 Dies sagte er in einem Podcast mit Markus Lanz vom 29.10. 2021, vgl. https:// lanz-precht.podigee.io/10-ausgabe-neun, ca. ab Minute 15. Abgerufen am 27.12.2021.

gegen den politisch und gesellschaftlich aufgebauten Druck auf Eltern sei), reichte dieser offen ausgesprochene Skeptizismus dazu aus, dass ein Shitstorm über ihn wehte, der ihn als Schwurbler, rechts, Querdenker usw. verunglimpfte.[120] Auch die feministische Journalistin Jutta Ditfurth schrieb nur einen Tag nach dem Podcast auf Twitter: „Wann ist #precht eigentlich so nach rechts abgedriftet? Der war doch früher eher sowas wie linksliberal?"[121]

Bei all dem stellt sich schon die Frage, was gesellschaftlich geschehen ist, dass die oft differenzierten (und vielfach auch treffenden) Analysen von Precht für derartigen Unmut in der Twitteria und sonstigen Social-Media-Bubbles sorgen. Was es bedeutet, wenn Skeptizismus und Kritik an Politik und Macht nicht mehr erlaubt sind und jede Deckungsgleichheit mit „rechten" Argumenten dazu führt, dass man plötzlich auch ein Nazi ist.

Brandbeschleuniger des Autoritären

Diese ideologisch verbohrte Verengung des öffentlichen Diskurses findet bereits seit vielen Jahren statt, Corona war jedoch der Brandbeschleuniger, der den Autoritarismus vollends entfesselte. Jeder ist nun mittlerweile ausnahmslos ein Rechter oder Querdenker, wenn er auch nur leise Kritik an der 2G-Regel, der Impfpflicht, Freiheitsbeschränkungen oder an den Überwachungspraktiken durch eine überbordende und dystopisch anmutende Digitalisierung äußert. Viele schweigen daher und denken es sich heimlich. Denn das Problem: Er oder sie ist auch nicht aus dem Schneider, wenn er oder sie bereits geimpft ist. Du musst das Richtige denken und die richtigen Begriffe verwenden!

Umso schlimmer wird es natürlich bei all jenen, die gar nicht geimpft sind.

Sie sind Feinde der Wissenschaft, Kriminelle, Häretiker. Und

---

120 Vgl. https://www.tagesspiegel.de/gesellschaft/medien/richard-david-precht-ueber-corona-impfung-ich-habe-nie-vorgehabt-jemandem-angst-zu-machen/27808150.html, abgerufen am 27.12.2021.
121 https://twitter.com/jutta_ditfurth/status/1454879319927496707?ref_src=twsrc%5Etfw, abgerufen am 27.12.2021.

daher darf man sie eben beschimpfen, ist doch klar.

„Eine Diskriminierung von Ungeimpften ist ethisch gerechtfertigt" titelte das Qualitätsmedium „Die Zeit" schon letzten Sommer.[122] Na dann. Welche intellektuellen Leserinnen und Leser würden sich dem entgegenstellen, wenn selbst ein Medium wie „Die Zeit" das alles gut und richtig findet? Eben.

---

[122] https://www.zeit.de/gesellschaft/2021-07/corona-impfung-pflicht-ethik-massnahmen-grundrechte, abgerufen am 27.12.2021.

FRAMING IN DEN MEDIEN: EINE KLEINE VERSCHWÖRUNGSTHEORIE

17.01.2022

„Wahrheiten sind erstarrte Metaphern"

- Luce Irigaray [123]

Framing & Kampfbegriffe

Der Begriff „Verschwörungstheorie" ist mehr und mehr zu einem populistischen Kampfbegriff und einer pejorativen Fremdzuschreibung für Denkinhalte und Erklärungsmuster geworden, die von einem bestimmten, vorherrschenden (hegemonialen) Narrativ abweichen.

„Verschwörungstheorie" bzw. „Verschwörungstheoretiker" wird dabei ebenso inflationär verwendet wie der Begriff „Nazi", sodass am Ende kein Platz mehr dafür ist, die echten (Neo-)Nazis und die echten (absurden) Verschwörungstheorien zu identifizieren.[124]

Vor allem ist „Verschwörungstheorie" aber ein Begriff, der gewissermaßen den sprachlichen Rahmen vorgibt – ein Frame, für ein Konvolut an weiteren abwertenden Begriffen, die sich (mehr oder weniger) im selben Bedeutungsfeld befinden und eine gewisse Geschichte erzählen oder einen gewissen Zusammenhang assoziativ suggerieren wollen. So taucht der Begriff Verschwörungstheorie eben nie allein, sondern immer mit einem Set an weiteren Begriffen auf, die seit geraumer Zeit folgendermaßen heißen: Coronaverharmlosung, Maskengegner, Impfgegner, dubiose Quellen, Fake-News, Desinformation, Maßnahmengegner usw. – übrigens sind dabei die Wortteile -theoretiker, -gegner, -verharmloser etc. interessanterweise selten bis nie gegendert (aber dazu ein andres Mal mehr).

Ein gutes Beispiel dafür, wie mit verschiedenen anderen Begriffen der Rahmen „Verschwörungstheorie" erzeugt wird, liefert etwa ein Beitrag auf der Homepage des österreichischen

---

[123] Zitiert nach Lena Lindhoff: Einführung in die feministische Literaturtheorie, Metzler 1995, S.130.
[124] Abseits davon muss eine Verschwörungstheorie ja neutral auch einmal als das wahrgenommen werden was sie ist: eine Theorie zu Verschwörungen. Aber der Zusammenhang von Wahrheit, Theorie und Verschwörung soll in einem anderen Blog-Beitrag thematisiert werden.

Musiksenders FM4 mit dem Titel „Aufregung an der Uni: Coronaverharmlosung im Hörsaal"[125]. Dieser Beitrag beschäftigt sich mit einer Ringvorlesung, die sich multidisziplinär dem Thema Corona widmete, jedoch offenkundig die „falschen" Experten zu Worten kommen ließ. Dass in dem FM4-Beitrag der Rahmen des Sprachlichen durch den Begriff „Verschwörungstheorie" gesetzt ist, wird aber eben zunächst an verschiedenen anderen Begriffen ersichtlich; von „verschwörungstheoretische[n] Tendenzen/Inhalte[n] und Falschinformationen" und „Verschwörungstheoretiker[n]" wird erst gegen Ende des Beitrags gesprochen – ohne Verwendung jeglicher Quellen. Das Framing beginnt aber bereits in der Überschrift mit dem Wort „Coronaverharmlosung". Jenem Begriff, der bei genauem Hinsehen signalisiert, dass hier ein Vorwurf in den Raum gestellt wird, dessen Definition genau genommen unklar ist und bleibt. Denn was ist Corona-Verharmlosung überhaupt? Was heißt das konkret? René Froschmayer, der Autor des Artikels, gibt darauf keine wirkliche Antwort, sondern stellt im Wesentlichen eine Behauptung auf, die wiederum nur durch andere abwertende Fremdzuschreibungen erklärt (bzw. eben nicht erklärt) wird. So folgt auf diese Überschrift die Beschreibung der Lehrveranstaltung mit folgenden Worten: „[…]wie sich zeigt, sind einige der Vorträge eher dubios."

Die Bezeichnung „dubios" wird im Laufe des Textes durch weitere abwertende Buzz-Words und Worthülsen wie etwa „umstrittene Lehrveranstaltung", „umstrittener Allgemeinmediziner" etc. ergänzt und erläutert so mithilfe dieser anderen Begriffe und nicht mithilfe von klar belegten Sachverhalten, warum das alles nun so dubios ist. Diese Art der Erklärung erfolgt also durch Axiomatik, durch ein axiomatisches System, das in sich geschlossen ist. Das ist jedoch eher ein rhetorischer Trick als eine neutrale/detaillierte Beschreibung der Lehrveranstaltungsinhalte.

Zwar zitiert der Autor „umstrittene" Aussagen aus jener Vorlesungsreihe indirekt und schildert Verweise zu Vertretern

---

125 https://fm4.orf.at/stories/3020919/, abgerufen am 07.01.2022.

von (angeblichen oder tatsächlichen) Verschwörungsinhalten, bleibt jedoch durchwegs jegliche Art der Quellenangabe oder eine Möglichkeit der Kontextualisierung und Nachverfolgung der Aussagen schuldig.

Eigentlich lobenswert: Besser man bezieht sich auf gar keine Quellen als auf dubiose. Ob das Zitierte dann tatsächlich gesagt wurde, kann zwar niemand überprüfen, aber wer wird sich mit derlei Kleinkram auseinandersetzen, wenn uns ein FM4-Schreiberling sagt, was wir zu denken haben.

Bezeichnend ist in dem Beitrag auch, dass Personen und Inhalte ausgespart werden, die ein anderes Bild zeichnen würden: Dass die promovierte und habilitierte Historikerin Andrea Komlosy, die die Ringvorlesung organisierte, sich seit vielen Jahren mit globaler Ungleichheit, Wirtschafts- und Migrationsgeschichte und anderen sozialhistorischen Themen beschäftigt, die für die gesellschaftlichen Umbrüche und Entwicklungen rund um die Corona-Krise sehr relevant sind, wird ebenso verschwiegen wie die Tatsache, dass der Public-Health-Experte Dr. med. univ. Martin Sprenger von der Medizinuniversität Graz einen Vortrag hielt. Dass Sprenger sich nicht gegen die Corona-Impfung ausspricht, sondern gerade aufgrund seines disziplinären Hintergrunds einen sehr differenzierten und umfassenden Blick auf das Corona-Thema (von Impfungen bis Lockdowns und Schulschließungen) besitzt, wird jedem klar, der seine (Fernseh-)Interviews oder andere seiner Beiträge kennt.[126]

Aussparungen von Informationen, die ein differenziertes und genaues Bild zeichnen würden, sind leider seit geraumer Zeit typisch für die meinungszentrierte Art der Berichterstattung, welche beinahe ausschließlich mit Framing arbeitet.

---

126 Vgl. folgendes Interview: https://orf.at/stories/3211006/, abgerufen am 17.01.2022.

Framing & Nazis: Reductio ad Hitlerum

Ein weiterer Aspekt des Vorwurfs der Corona-Verharmlosung ist jener, den ich schon in einem anderen Blog-Beitrag von mir erläutert habe: Der Begriff „Corona-Verharmlosung" aus dem FM4-Artikel verweist darauf, dass hier jemand etwas offenbar beinahe Kriminelles macht, denn „Corona-Verharmlosung" – immer wieder in Abwechslung zu „Corona-Leugner" auftretend – ist eine klare Analogiebildung zur Holocaust-Leugnung; und schließlich gibt es die Holocaust-Leugnung bzw. -Verharmlosung als Straftatbestand.[127]

Der Bezug auf den Rechtsextremismus und Nationalsozialismus ist dabei kein Zufall, sondern stellt eine Formel dar, die die Berichterstattung über maßnahmenkritische (d.h. regierungskritische) Positionen oder Demonstrationen der letzten zwei Jahre bestimmt und eben das gezielte Framing prägt: Die Reductio ad Hitlerum. Diese Bezeichnung wiederum geht auf den Philosophen Leo Strauss zurück, der damit den Fehlschluss skizzierte, dass alles, was jemand sagt, der moralisch verwerflich oder fragwürdig ist, falsch sein muss. Also: Hitler ist schlecht. Hitler vertritt die Ansicht X. Die Ansicht X ist falsch.[128]

Dieser logische Fehlschluss wird immer wieder in Medien und Politik als Framing eingesetzt, um politische Gegner und Gegnerinnen, Kritikerinnen und Kritiker zu delegitimieren: Wer einen ähnlichen Gedanken (oder gar denselben!) wie ein „Nazi" oder „Rechter" hat (wobei rechts und „Nazi" immer vermengt werden), der disqualifiziert sich in seiner moralischen Integrität. Die altbekannte Nazi-Keule wird nun auch auf jene angewandt, die mitunter gar nicht rechts sind oder wo der klare Zusammenhang erst klargestellt werden müsste.

---

127 Vgl. https://www.zeit.de/2021/36/holocaust-verharmlosung-leugnung-gleichsetzung-kolonialgeschichte-erklaerung, abgerufen am 07.01.2022.
128 So schreibt Strauss. „Unfortunately, it does not go without saying that in our examination we must avoid the fallacy that in the last decades has frequently been used as a substitute for the reductio ad absurdum: the reductio ad Hitlerum. A view is not refuted by the fact that it happens to have been shared by Hitler." Leo Strauss: Natural Right and History. University of Chicago Press 1965, S. 42–43.

Mit Blick auf den Allgemeinmediziner und Vortragenden in genannter Vortragsreihe, Andreas Sönnichsen, schreibt etwa der FM4-Autor in seinem Beitrag eine komprimierte Zusammenstellung jeglicher Todsünden im gegenwärtigen öffentlichen Diskurs, abermals wieder inklusive Verweis auf rechte Parteien:

> **Andreas Sönnichsen engagierte sich für die deutsche Basisdemokratische Partei. Dieser politischen Bewegung wird eine Nähe zur rechts-außen AfD und der Querdenken-Bewegung nachgesagt. Der Mediziner initiierte außerdem jenes inzwischen bekannte Schreiben, in dem er den Rücktritt des Präsidenten der österreichischen Ärztekammer fordert. Der von rund 200 Ärzt*innen unterschriebene Brief ist von Falschinformationen durchzogen wie ein flachsiges Schnitzel.**

Zwar zitiert der Autor an dieser Stelle einen ORF-Artikel über Sönnichsens Entlassung, wer diesem jedoch die Nähe zur AFD nachsagt, bleibt ebenso unklar wie ein Quellennachweis, warum jener Brief an den Ärztekammerpräsidenten Falschinformationen enthielt.

Framing & Metaphern in der Linguistik

Gehen wir nun zurück zum Begriff des Framings selbst, der in verschiedenen Zusammenhängen verwendet wird: Framing ist eigentlich besonders aus den Sozialwissenschaften, aber auch aus den Sprach- und Kommunikationswissenschaften bekannt, wobei der Linguist George Lakoff als Vater des Framings gilt und sich viele Jahrzehnte mit der Thematik beschäftigt hat.[129]

Framing ist genau genommen etwas, was der kognitiven Ordnung von Situationen und Inhalten mittels Sprache dient und neutral ist. Begriffe und Situationen sind immer mit weiteren Begriffen und Vorstellungen verbunden und führen dabei zum alltäglichen metaphorischen Gebrauch von Sprache; dies gilt auch für andere Frames: Wer an Krieg denkt, wird

---

[129] Für eine Video-Erläuterung zu dem Thema vgl. https://www.youtube.com/watch?v=yBglQugobBI, abgerufen am 11.01.2022.

etwa auch in seinen Assoziationen an einen Feind denken, an die Worte „kämpfen", „Soldaten", „Waffen", usw. Wer kennt die Bedeutungsübertragung nicht, wenn man etwa auch im alltäglichen Leben gegen sich selbst „kämpft", um nicht noch ein Stück Schokolade zu essen? Oder wenn man – übrigens studentensprachlich bis soldatensprachlich geprägt – davon spricht, den inneren Schweinehund zu „besiegen"?[130]

Politik & Medien: Krieg gegen das Virus

Grundsätzlich strukturieren wir daher mithilfe von Framing sprachlich unsere Welt. Ebenso interessant wie problematisch wird es jedoch, wenn Framing und Metaphern gezielt in Politik und Medien als Propaganda-Werkzeug verwendet werden, so wie an obigen Beispielen im FM4-Beitrag verdeutlicht. George Lakoff hat sich eingängig mit dem Thema Politik, Medien, Frames und Sprache in seinem Buch „Moral Politics" (1996) beschäftigt, wobei er darin die unterschiedlichen Denk- und Sprachrahmen von linken und konservativen Politikern in den USA analysierte und in seinem Buch erläuterte, von welchen Sprachbildern die jeweiligen politischen Ausrichtungen geprägt sind.[131]

Verwendete Begriffe sind daher in Politik und Medien niemals unschuldig.

Ein anderes Beispiel für politisches Framing mit Blick auf Corona wäre – neben den oben besprochenen Frames von kritischen Stimmen als Verschwörungstheoretiker und Rechtsextremisten – etwa der „Krieg gegen das Virus" als konzeptuelle Metapher für den Versuch der Pandemie-Eindämmung. Ein Sprachbild, das wir sehr früh von offizieller politischer Seite (etwa von Emmanuel Macron) erlebt haben und das bis heute die Maßnahmen bestimmt.[132]

---

130 Vgl. https://www.duden.de/rechtschreibung/Schweinehund, abgerufen am 12.01.2022.
131 Vgl. George Lakoff: Moral Politics: What Conservatives Know That Liberals Don't. University of Chicago Press 1996.
132 Zu dieser Kriegs-Rhetorik gibt es dutzende Beispiele aus Politik und Medien: Angefangen von den Wortmeldungen des französischen Präsidenten Macron über verschiedene Presse-Mitteilungen in nationalen wie internationalen Zeitungen. Vgl. etwa https://www.diepresse.com/5938311/wie-wir-den-krieg-gegen-das-virus-gewinnen, oder https://www.derstandard.at/story/2000132028004/rudolf-striedinger-ge-

Krieg als Metapher ist nun ein Sprachbild, das grundsätzlich gerne herangezogen wird, um äußerste Maßnahmen politisch zu legitimieren. Auch George Lakoff beschreibt schon in dem Buch „Metaphors we live by" (1980) – gemeinsam mit dem Philosophen Mark Johnson – anhand der Energiekrise der 1970er (Präsident Carter und die Ölstaaten) die Verwendung solcher Metaphorik:

> **Die Krieg-Metapher erzeugt eine Reihe metaphorischer Ableitungen. Es gab einen „Feind" und die „Bedrohung der nationalen Sicherheit", weshalb es dringend erforderlich war, „gezielte Maßnahmen zu ergreifen, Dringlichkeitsstufen festzulegen, Sanktionen aufzuerlegen"** [133]

Das erinnert uns doch ein wenig an etwas, oder?

Man beachte: Es handelt es sich bei der Schilderung von Lakoff und Johnson um die Energiekrise in den USA der 1970er Jahre, also um Zustände vor fast 50 Jahren im Amerika des Präsidenten Jimmy Carter. Noch gespenstischer wird es, wenn wir bei Lakoff und Johnson weiterlesen. So schreiben sie auf der Folgeseite zusammenfassend:

> **Die Krieg-Metapher beleuchtete bestimmte Realitäten und verbarg andere. Die Metapher stellte nicht nur eine Möglichkeit dar, Realität zu betrachten; sie war gewissermaßen auch der Freibrief dafür, die Politik des Landes zu ändern sowie politische und wirtschaftliche Entscheidungen zu treffen.** [134]

Lakoff und Johnson betonen also, wie dieses sprachliche Verwenden einer Kriegsmetapher nicht nur dazu führte, wie man die Wirklichkeit sieht, sondern auch dazu führen konnte, dass diese Wirklichkeit realpolitisch verändert wurde. Noch interessanter ist, was sie abschließend über die Rolle der Öffentlich-

---

neral-im-krieg-gegen-das-coronavirus , oder https://www.lemonde.fr/politique/article/2020/03/17/nous-sommes-en-guerre-face-au-coronavirus-emmanuel-macron-sonne-la-mobilisation-generale_6033338_823448.html , oder https://www.nytimes.com/2020/04/20/opinion/coronavirus-war-politicians.html , abgerufen am 12.01.2022. Einzig die New York Times warnten in ihrem Artikel – wohl in dunkler Erinnerung an den „War on Terror" – vor den Gefahren dieser Kriegsmetaphorik.
133 George Lakoff, Mark Johnson: Leben in Metaphern. Konstruktion und Gebrauch von Sprachbildern. Carl-Auer 2008, S.179.
134 Lakoff und Johnson 2008, S.179-180.

keit und der Bevölkerung sagen:

> Dadurch, daß die Metapher öffentlich akzeptiert wurde, war der Weg für bestimmte Konsequenzen bereitet: [...] die Bevölkerung würde Opfer bringen müssen; wenn die Bedrohung nicht abgewendet würde, könne Amerika nicht überleben.[135]

Ein ganz ähnliches Framing im großen Stil haben wir seit nun zwei Jahren: Der Ausnahmezustand, die Dringlichkeit und Notwendigkeit rechtfertigen Verordnung um Verordnung, neue Gesetze, Ausgrenzungsmechanismen von Bevölkerungsgruppen, eskalierende Sprache, ständige Bezugnahme auf „die" Wissenschaft und „die" Experten, Notzulassungen, das Aufgeben der Verhältnismäßigkeit und die Etablierung einer Freiheit auf Raten.

All das geschieht in etwa nach dem Credo „Im Krieg und in der Liebe ist alles erlaubt".

Weil wir uns eben im Krieg befinden, im Krieg gegen das Virus.

Aber der Zusammenhang von Sprache und Politik, Medien, Framing und Metaphern ist sicherlich auch nur eine kleine, garstige Verschwörungstheorie. Oder?

---

135 Lakoff und Johnson 2008, S. 180.

OFFENER BRIEF AN DIE ORGANISATOR*INNEN DES BACHMANNPREISES

(Dieser Brief erging auch postalisch an die Jurorinnen und Juroren des Bachmannpreises 2022. Niemand der Adressierten gab eine Rückmeldung)

17.02.2022

„Um den reibungslosen Ablauf der Veranstaltung zu gewährleisten, können nur Vollimmunisierte mit aktuellem Test daran teilnehmen." [136]

Liebe Organisator*innen des Bachmannpreises,
Liebe Jury,
Liebe literarische Institutionen,
Liebe Schreibende,

ursprünglich wollte ich dieses Jahr einen Text einreichen, um bei der Veranstaltung in Klagenfurt teilzunehmen.
Ich bin jedoch 1. kein reibungsloser Autor und produziere 2. grundsätzlich KEINE vollimmunisierten Texte. Daher werden Sie dieses Jahr und wohl auch in Zukunft auf mich als lesender Teilnehmer verzichten müssen.

Zudem kann ich grundsätzlich nicht nachvollziehen, was der Impfstatus eines Menschen mit der Qualität literarischer Texte zu tun hat. Und ich denke, dass Sie mir das auch nicht erklären können.

In meinen Augen ist es eine wichtige Aufgabe von Kunst und Literatur, gesellschaftliche Regeln, Normalität und Etabliertes zu hinterfragen sowie Macht und Politik zu sezieren, zu analysieren und zu kritisieren.

Die Literatur und öffentliche Personen aus dem Literaturbetrieb hätten in den letzten zwei Jahren insbesondere die Aufgabe gehabt, die massive sprachliche Eskalation zu thematisieren, die vonseiten der Politik, vonseiten etablierter Medien forciert und schließlich von Teilen der Bevölkerung unkritisch übernommen wurde.

Wenn die Sprache der Öffentlichkeit zu einer Sprache des Autoritären, zu einer Sprache der Ausgrenzung, zu einer Sprache

---

[136] https://bachmannpreis.orf.at/stories/3134900/, abgerufen am 17.02.2021. Die Ausschreibung ist gegenwärtig gelöscht, jedoch habe ich einen Screenshot der entsprechenden Stelle aufbewahrt.

des Hasses wird, dann muss die Literatur einschreiten und darauf aufmerksam machen.

Insbesondere dann, wenn sich eben jene Literaturszene weitgehend darauf beruft, gegen Diskriminierung, Hate-Speech und Hass im Netz aufzutreten, ist es ihre Aufgabe, Theorie und Praxis im entscheidenden Moment einer Krise zu verbinden und auf das Entschiedenste gegen solche Entwicklungen zu intervenieren. Dies ist nicht geschehen.

Im Gegenteil: Ein primitives und verkürztes Sündenbock-Denken, -Sprechen und -Schreiben wurde ungebremst von schweigenden Intellektuellen und sich einigelnden Schreibenden zugelassen oder gar vorangetrieben; oftmals im selbstgerechten Glauben, die Guten zu sein, die das Richtige tun.

Ein Denken und Sprechen, das sich gegen „die Ungeimpften" (Was für ein Begriff!) und gegen alle, die Kritik an Politik, Impfkampagnen und einem sich ausbreitenden biopolitisch-digitalen Verordnungsstaat äußerten, gerichtet hat. Ein Denken, Sprechen, Schreiben und Handeln, das die Begriffe Vernunft, Logik und Solidarität semantisch umdeutete. Alles im Sinne einer neuen Normalität, die eine neue Realität einleitete. Eine Realität der Umkehrung, des Populismus und des Autoritarismus.

Nach der sprachlich-diskursiven Ausgrenzung kommt die räumliche und schließlich auch die juristische, also die durch die „Staatsräson" abgesegnete Ausgrenzung. All dies ist passiert: Diffamierung von Ungeimpften in den Medien, 2G-Regelungen im öffentlichen Raum und schließlich die Impfpflicht.

Was danach kommt, ist wiederum ungewiss. Das Aufatmen und Sich Zurücknehmen? Das Schweigen? Oder eine weitere Eskalation?

So oder so: Viele dieser Eskalations-Schritte wurden in den letzten zwei Jahren von Kunstschaffenden und Schreibenden nicht nur mitgetragen, sondern teilweise auch angestachelt; in übelster Anfachung menschlicher Bauchgefühlglutnester, die offenbar ebenso bei den sogenannten Gebildeten schwelen und ganz leicht entzündlich scheinen. Viel leichter, als ich das je gedacht hätte.

Und ist es nicht das Bauchgefühl, dem so hemmungslos nachgegangen und das fälschlicherweise immer nur den Rechten attestiert wird, so ist es zumindest oft auch ein vorauseilender Regel-Konformismus, eine unhinterfragte Staatstreue und eine ideologische Verbohrtheit, die in die Anpassung führt.
Auch der Bachmannpreis hat sich – mit dem Proklamieren der 2G+-Regel bei seiner Veranstaltung – offenkundig gegenüber wirklicher Gesellschaftskritik und Reflexion längst vollimmunisiert und macht alles brav mit, was eine kafkaesk-schildbürgerhafte, quasitotalitäre Wurschtel-Regierung vorschreibt. Damit reiht sich der Bachmannpreis leider in das Verhalten eines Großteils unseres Kunst- und Kulturbetriebs ein.

Kunst und Kultur sind mittlerweile in weiten Teilen derart von den drängenden Fragen unserer Zeit entkoppelt, dass diesem Bereich das Schmoren im eigenen Saft oft gar nicht mehr auffällt. Sie schmoren ohne Bezugnahme auf die eigentlichen, auf die wirklichen Probleme, ohne Verständnis für die Sorgen der meisten anderen Menschen vor sich hin. Sie glauben vielfach an eine Realität, die in dieser Form überhaupt nicht existiert, die aber von regierungsnahen Haus- und Hofmedien herbeigeschrieben wird.

Ständig wird mit hohlen Phrasen und unter Zuhilfenahme dröger Worthülsen von Hate-Speech und Sprachsensibilität gesprochen; wenn die Diffamierungen jedoch von der „richtigen" Seite kommen, so findet man die sprachlichen Entgleisungen legitim und in Ordnung und sieht überall Nazis und Rechtsextreme. Damit wird man den tatsächlichen Rechtsextremen nur weiter Futter geben und ihnen letztlich Menschen in die Arme treiben, weil Kunst und Kultur sich eben nicht für Menschen eingesetzt haben, die nun seit einiger Zeit wütend, enttäuscht, verzweifelt und perspektivenlos auf die Straßen gehen, um ihr Recht einzufordern.

Und ich bin mir sicher: Auf den Winter der Eskalation wird vermutlich ein Sommer des Vergessens folgen; Angeblich sollen ja im März 2022 die meisten Corona-Maßnahmen fallen. Wird dies dann auch für die Teilnahme am Bachmannpreis gelten?
Langsam dürfen ja die ungeimpften Menschen wieder in die Öf-

fentlichkeit, ins Kino, ins Museum, Bier im Restaurant trinken und die Melange im Kaffeehaus schlürfen. Die Öffentlichkeit wird wohl so tun, als wäre nichts gewesen, Medien werden vermutlich zurückrudern und auch viele der Schreibenden und Kunstschaffenden werden sagen, dass sie ja ohnehin gewusst haben, dass das alles ein Irrsinn war und dass sie ja eigentlich immer gegen Ausgrenzung und dergleichen gewesen sind.
Wenn der Wind sich dreht, drehen sich auch die Wendehälse.
Ich und viele andere Menschen, Betroffene, Beschimpfte, Diffamierte, Geängstigte, Gezwungene oder einfach nur Kritische werden diese Zeit jedoch niemals vergessen und diesem unerträglichen Schweigen jetzt und in Zukunft mit ihren Stimmen entschieden und gut hörbar entgegentreten.
Denn wie hat schon Ingeborg Bachmann in einer berühmten Ansprache gesagt:

> **So kann es auch nicht die Aufgabe des Schriftstellers sein, den Schmerz zu leugnen, seine Spuren zu verwischen, über ihn hinwegzutäuschen. Er muß ihn - im Gegenteil - wahrhaben und noch einmal, damit wir sehen können, wahrmachen. Denn wir wollen alle sehend werden. Und jener geheime Schmerz macht uns erst für die Erfahrung empfindlich und insbesondere für die der Wahrheit.**[137]

---

[137] Ingeborg Bachmann: Über die Kunst. Rede anlässlich der Verleihung des Hörspielpreises der Kriegsblinden 1959. Vgl. https://www.br.de/mediathek/podcast/artmix-galerie/die-wahrheit-ist-dem-menschen-zumutbar-ingeborg-bachmanns-beruehmte-dankesrede-zum-hoerspielpreis-der-kriegsblinden/1831302 , abgerufen am 09.02.2022 (Ab Minute 1:43).

DIE IMPFPFLICHT IN ÖSTERREICH IST POLITISCH KORREKTE DISKRIMINIERUNG

Dieser Text erschien in der Berliner Zeitung am 19.02.2022 online auf: https://www.berliner-zeitung.de/wochenende/die-impfpflicht-in-oesterreich-ist-politisch-korrekte-diskriminierung-li.211669

Die Impfpflicht in Österreich ist hochumstritten. Zu Recht, findet unser Autor. Denn sie erlaubt einer Mehrheit, die Minderheit zu diskriminieren.

Jan David Zimmermann

> Eine Diskriminierung von Ungeimpften ist ethisch gerechtfertigt" - Schlagzeile eines Beitrags von Thomas Beschorner und Martin Kolmar, Die Zeit, 23. Juli 2021.

Ist das nicht faszinierend? Endlich können Menschen, die sich selbst als moralisch integer, solidarisch, sozial etc. sehen, eine Minderheit unverblümt und ohne Gewissensbisse ausgrenzen. In meinem Heimatland Österreich passiert dies ebenso Tag für Tag wie in Deutschland. Dabei ist besonders bemerkenswert, dass eben nicht – dem alten Vorurteil gemäß – irgendwelche „Prolls" freudig in die staatlich geprägte Segregation einstimmen, sondern vielfach Menschen aus Kunst, Kultur, Journalismus, die sich selbst als gebildet, weltoffen, links bezeichnen würden. Selbst die intellektuellen Wochen- und Tageszeitungen rechtfertigen vielfach ein solches Vorgehen, wie man am Eingangszitat erkennen kann.

Mich beschleicht der Verdacht, dass die guten Menschen, die sich (teilweise zwar durchaus verständlich) für Minderheitenrechte einsetzen, gegen Unmenschlichkeit auf die Barrikaden gehen, politisch inkorrekte Sprache und Schimpfwörter kritisieren, Safe Spaces auf Universitäten fordern, Transphobie und Homophobie anprangern und allerorts Nazis wittern, nur darauf gewartet haben: Nun sind sie an der Reihe, nun dürfen sie endlich auch einmal den Bauchgefühlen freien Lauf lassen, offen andere Menschen diskriminieren. Euphorisch und in Dauerschleife.

Ungeimpfte darf man straffrei ignorieren, canceln, verspotten

So postete etwa der österreichische Journalist Robert Misik im November 2021 auf seiner offiziellen Facebook-Seite das Bild eines Blasrohrschützen mit der Unterschrift „Ein gezielter ‚Blow Job' und wieder ist einer geimpft". Selbiger Journalist, der auch auf Twitter regelmäßig in flapsigem Ton seinem Ärger über die

Ungeimpften Luft verschafft, schreibt am Tag des Beschlusses der allgemeinen Impfpflicht in Österreich, dem 20. Januar 2022: „Und jetzt hören wir bitte auf, uns dauernd nur mit einer radikalen Minderheit zu beschäftigen und kümmern uns zur Abwechslung auch mal um die Sorgen der Mehrheit."

Unterstützt und abgesegnet ist diese rhetorische wie tatsächliche Diskriminierung durch Gesetze und Verordnungen, durch Politik und etablierte Medien. Aber auch unterstützt durch einen konformistischen und widerstandsimpotenten Kunst- und Kulturbetrieb kann man „die Ungeimpften" (und alle, die ähnliche Argumente wie sie verwenden) drangsalieren, beschimpfen, sie mundtot machen, ignorieren, canceln, verspotten, entlassen und ihnen durch Kündigung oder Streichung des Arbeitslosengeldes die Existenzgrundlage entziehen.

Diese „radikale Minderheit" ohne gültiges Impfzertifikat

Dadurch, dass „die Ungeimpften" mittels 2G-Regelungen aus dem öffentlichen Leben ausgesperrt wurden, hatte man sie außerdem völlig aus dem Blickfeld verbannt, konnte die Auseinandersetzung mit ihnen vermeiden, hatte ihnen jegliche Art der kulturellen, gastronomischen oder sonstigen Zerstreuung genommen und den Zugang zum sozialen Geschehen weitgehend unmöglich gemacht. Für Menschen, deren Arbeit etwa stark von Networking und persönlichem Austausch auf Veranstaltungen lebt, war dies im worst case ein beruflicher Todesstoß. Für andere war es das Reduzieren des Lebens auf Arbeit, Familie versorgen, Schlafen und Stubenhockerei, ganz ohne Chance auf Kino, Theater, Fitnessstudio oder andere Freizeitbeschäftigungen.

Diese „radikale Minderheit" ohne gültiges Impfzertifikat, von der der oben zitierte Journalist und Suhrkamp-Autor Robert Misik spricht, beläuft sich übrigens auf 23,97 Prozent der impfbaren Bevölkerung in Österreich (Stand 27. Januar 2022). Das sind fast zwei Millionen ausgeschlossener Menschen, darunter alte Leute, junge Leute, Studentinnen und Studenten, Angestellte, Arbeiterinnen und Arbeiter, gebildete Menschen, ungebildete Menschen, Menschen mit Migrationshintergrund, Linke, Rechte, Grüne, Menschen, die mit einem nicht in der EU zugelassenen Impfstoff geimpft wurden, usw. Und je nachdem, wie lange die Zertifikate gelten, werden es regelmäßig mehr. Es handelt sich also um eine stark heterogene Gruppe der Bevölkerung, über die das Wort der Verbannung gesprochen wurde.

Der Krieg gegen das Virus

Rhetorisch steht zu Beginn ein Kardinalfehler, der auf das semantische Feld des Krieges verweist und mit der Angst zu tun hat, die seit Beginn der Pandemie geschürt wurde. Wer sich fürchtet, der flüchtet und zieht sich zurück oder greift an. Im letzten Fall kann man einen Kampf anzetteln, rhetorisch oder tatsächlich.
Und exakt dies wird politisch, medial und gesellschaftlich seit Beginn der Pandemie gemacht. Etablierte Medien und Politik zogen sowohl sprachlich als auch in Bezug auf realpolitische Handlungen von Beginn an in den Krieg gegen das Virus; Man erinnere sich etwa an die Reden Emmanuel Macrons und vieler anderer Staatsoberhäupter. Auch die Berichterstattung über Militärkonvois in Bergamo zum Transport von Leichen oder die Betonung, dass in Spitzenzeiten sogar Bundeswehrflugzeuge Covid-Patienten in die Spitäler flogen, verstärkten den Eindruck, dass es sich um eine Kriegssituation handelte. Die konkreten Zusammenhänge dieser Umstände (und die tendenziöse Berichterstattung darüber) wurden hingegen kaum beleuchtet.
Die Kriegsmetapher nun ist ein wohlbekanntes Sprachbild aus der Politik; Denken wir nur an den „War on Terror" nach 9/11 oder Jimmy Carters Kampagne gegen die Ölkrise der 70er-Jahre. Wir wissen, zu welchen Verfehlungen und massiven politischen Umwälzungen dieses Einstimmen in den Kanon des Kriegsgebrülls geführt hat. Während sich aber Medien in der Vergangenheit streckenweise gegen solche Kriegsmetaphorik wendeten und sie kritisierten, so halfen in der gegenwärtigen Krise etablierte Zeitungen der Politik, diesen Diskurs erbarmungslos voranzutreiben.

Viele Linke wurden zu Abnickern drakonischer Überstaatlichkeit

Interessant ist dabei Folgendes: Der Krieg gegen Terroristen beinhaltet als Feindbild reale Menschen, der Krieg gegen ein Virus ist hingegen weit komplexer. Als feindliches Gegenüber taugt das Virus wenig. Man kann zwar Aggressionen dagegen hegen, dem untoten Stachelwesen ist das jedoch egal. Da der Krieg aber immer einen greifbaren und sichtbaren Gegner braucht, wurde rasch ein anderer Gegner gefunden, der scheinbar gemeinsame Sache mit dem Erzfeind macht: Jene Menschen, die die Maßnahmen dieses Krieges kritisieren oder die eingesetzten Waffen im Kampf gegen das Virus teilweise oder ganz ablehnten.

Diese Menschen wurden von Politik und Medien vielfach zu Anhängern, ja, Soldaten des Virus stilisiert; sie wollten augenscheinlich nicht gegen das Virus kämpfen, es nicht ausrotten wie in den Zero-Covid-Fantasien, das machte sie für die Kriegsredner am Ende genauso gefährlich wie das Virus selbst. Die Soldaten des Virus verbreiten es angeblich ungebremst weiter, sind menschenverachtend bis unmenschlich, wollen sich vielfach nicht impfen lassen, sich daher ins Kollektiv nicht solidarisch einpassen und denken nur an sich selbst. Ein Großteil der ansonsten pazifistischen Linken fand mit einem Mal das martialische Säbelgerassel gut und richtig und jedes Mittel zur Pandemiebekämpfung legitim – inklusive Ausgrenzung, Freiheitseinschränkungen oder Lockdowns. Viele, die sich sonst links, solidarisch und tolerant gaben, wurden zu Abnickern drakonischer Überstaatlichkeit im Sinne eines überbordend-chaotischen Verordnungsautoritarismus.

Von Dreckschweinen, Blinddärmen und anderen Korrektheiten

Das bis zum Fetisch ausgeweitete Feindbild der „Linken", nämlich „die Rechten", wurde dabei derart undifferenziert als inflationäre Fremdzuschreibung verwendet, dass man im Diskurs etablierter Medien auf die Unterscheidung zwischen echten Neonazis und drangsalierten/besorgten Bürgerinnen und Bürgern vollkommen verzichtete. Durch die ideologische Leere des Virus konnte seinen vermeintlichen Anhängern nun erfolgreich alles umgehängt werden, was von „linker" Seite moralisch verwerflich zu sein scheint oder dem Kampf gegen das Virus zuwiderläuft.

Die eingeführten Zuschreibungen lauten dabei: rechts, rechtsextrem, Verschwörungstheoretiker, Impfgegner, Maßnahmengegner, Maskengegner, Schwurbler, Esoteriker usw. Übrigens alles Zuschreibungen, die kaum bis nie gegendert werden. Kein Zufall, sondern der Verweis auf eine semantische Implikation: Der prototypische Verschwörungstheoretiker ist in diesem Verständnis eben stets männlich, rechts und vermutlich dann auch weiß, alt und hetero. Auch wenn dies im Falle der demonstrierenden Menschen in Österreich oder Deutschland – die diese Zuschreibungen erleiden – nicht einmal annähernd der Wahrheit entspricht.

Jan Böhmermann attackiert mit

Beeindruckend ist bei alledem, dass insbesondere „linke" Protagonisten und Protagonistinnen aus Kunst, Kultur und Journalismus vielfach in den Chor dieser Diskriminierung nicht nur einstimmten, sondern ihn regelrecht befeuerten. Die ZDF-Satirikerin Sarah Bosetti etwa hatte ihre Formulierung, dass man die „rechten" Maßnahmengegner wie einen entzündeten Blinddarm aus der Gesellschaft entfernen könne, auch dadurch legitimiert, dass es sich hier nicht um eine gesellschaftliche Spaltung in der Mitte, sondern um ein Wegbrechen „ziemlich weit rechts unten" handeln würde. Eine Gleichsetzung der Kriegsfeinde mit Ungeziefer blieb die Humoristin zwar noch schuldig, aber wer weiß, in welche sprachlichen Niederungen sie sich noch so begeben wird.
Doch eben nicht nur die schädlichen Ungeimpften, auch jene, die nicht in die Kriegs- und Angstrhetorik einstimmten, wurden von angeblichen Linken attackiert.
So hatte sich etwa Jan Böhmermann im September 2021 in einem Gespräch mit Markus Lanz und Giovanni di Lorenzo dagegen ausgesprochen, Top-Virologen wie Hendrick Streeck oder Alexander Kekulé überhaupt zu Wort kommen zu lassen. Dies würde eine „false balance" erzeugen und man dürfe eben diesen anderen Meinungen, die „so durchtränkt von Menschenfeindlichkeit" seien, keine Bühne geben. Lanz protestierte entsetzt. Böhmermann blieb bei seiner Auffassung von Meinungsvielfalt, hatte er

doch schon im März 2021 den menschenfreundlichen Hashtag „Sterben mit Streeck" etabliert.

„Gott schütz uns vor den guten Menschen!"

Rhetorische Entgleisungen verschiedenster Art fanden derart zahlreich statt, dass man kaum weiß, welche man zuerst zitieren soll, wobei jene mit entmenschlichendem Charakter besonders ins Auge stechen. Dies wurde auch von oberster Staatsspitze vorangetrieben, indem etwa der österreichische Kurz-Kanzler Schallenberg davon sprach, dass bei den „Ungeimpften die Zügel straffer" gezogen werden müssten.

Auch der bereits genannte Robert Misik beschimpfte auf Twitter mithilfe tierischer Vergleiche die Anhänger einer (angeblich oder tatsächlich problematischen) Demonstration gegen die Impfpflicht als „asoziale Drecksschweine" und berief sich dabei auf den Bericht der auflagenstärksten österreichischen Boulevardzeitung, Kronenzeitung genannt – eine Zeitung, die der Vorzeige-Linke ansonsten wohl kaum zitieren würde.

Solche sprachlichen Entgleisungen sind besonders erschreckend, weil sie mithilfe einer intellektuellen Autorität Sprechweisen legitimieren, die ansonsten scharf kritisiert würden. Diese Entgleisungen kommen von Menschen, die sich stets darauf berufen, das Gute und Richtige zu tun, von Menschen, die stets betonen, Linke und Antifaschisten zu sein. Mir fällt in diesem Zusammenhang der Buchtitel des österreichischen Schriftstellers Robert Schindel ein, der uns eine erhellende Antwort geben könnte: „Gott schütz uns vor den guten Menschen".

ABGRÜNDIGE SOLIDARITÄT

(Eine gekürzte Fassung des Textes erschien am 01.06.2022 auf https://keinzustand.at/jan-david-zimmermann/abgruendige-solidaritaet/)

19.05.2022

Vorbemerkung

Der Krieg Russlands gegen die Ukraine ist offenkundig eine völkerrechtswidrige Intervention; dass die Öffentlichkeit entsetzt reagierte und reagiert, ist verständlich. Und geflüchteten Menschen muss ohne Frage und unbedingt geholfen werden.

Dass aber ausgerechnet jene Menschen, die die monatelange Ausgrenzung ihrer unmittelbaren nicht-geimpften Mitbürgerinnen und Mitbürger in Österreich und Deutschland achselzuckend bis wohlwollend hinnahmen und immer noch hinnehmen, innerhalb kürzester Zeit auf den Solidaritätszug mit der Ukraine aufsprangen, ihre Social-Media-Accounts mit ukrainischen Nationalflaggen versahen und offensiv zeigen mussten, wie sehr sie Putin hassen oder mit Hitler vergleichen, ist ein irritierendes Phänomen, wobei das Konzept der Solidarität einmal mehr eine abgründige Dimension erhalten hat: Ein Verständnis von Solidarität, das nicht inklusiv, sondern in erster Linie ausgrenzend funktioniert. Und wo als ultimative Steigerung die Lieferung von Kriegswaffen und die Affirmation von Kriegsrhetorik plötzlich auch solidarische Gesten darstellen sollen. Mit was für einer gefährlichen Bedeutungsumkehr von „Solidarität" haben wir es hier zu tun?

Fliegender Wechsel in den (sozialen) Medien: Von der Covid-Solidarität zur Ukraine-Solidarität

Während jeden Tag landauf landab in den etablierten und öffentlich-rechtlichen Medien auch noch bis tief in den Februar hinein die Paniktrommel wegen bzw. trotz Omikron weiter gerührt wurde – täglich die hohen Inzidenzen ohne Kontextualisierung im Fernsehen skandiert und Lauterbach und Co. mit warnenden Worten weitere Covid-Schreckensszenarien verbreitet haben (oder mit Blick auf den Herbst auch gegenwärtig noch verbreiten) – so war mit dem 24.02.2022 alles plötzlich ganz anders. Der militärische Angriff Russlands auf die Ukraine hatte das mediale Dauerthema Corona völlig abgelöst. Corona war von einer Minute auf die andere de facto nicht mehr vorhanden und wie vom

Erdboden verschluckt. Wäre man zynisch, könnte man behaupten, dass der Autokrat Putin es geschafft hatte, die Corona-Pandemie (zumindest vordergründig) zu beenden.

Bedauerlicherweise kam den politisch und medial Verantwortlichen, aber auch den besonders solidarischen Menschen hierzulande, die in den letzten Jahren pro Corona-Maßnahmen eingestellt waren, gegen Ungeimpfte hetzten, sprachlich eskalierten und eine vermeidbare Spaltung der Bevölkerung vorantrieben, der Krieg in der Ukraine sehr gelegen.

Wieso der Themenwechsel so freudig aufgenommen wurde, hatte mehrere Gründe abseits der realpolitischen Ernsthaftigkeit der Kriegs-Lage in Osteuropa.

Denn erstens war das Corona-Thema durch Omikron und durch den allmählich sich ankündigenden Frühling langsam zu öde geworden, um daraus noch irgendwelche ertragreichen Panik-News zu produzieren, was sich auch in den Impfpflicht-Debatten in Deutschland ausdrückte, die von politischer Verzweiflung und absoluter Sinnlosigkeit geprägt waren. Immerhin stimmte man im deutschen Bundestag mehrheitlich dagegen.

Grundsätzlich konnte man bei diesem Themenwechsel beobachten: Während es sehr viel aufzuarbeiten gäbe, was die politischen und gesellschaftlichen Verfehlungen und Verwerfungen betrifft, so haben sich viele Medien und ihre Leserinnen und Leser von einem Tag auf den anderen völlig auf den neuen Themenreich eingeschossen. Sogar einige Alternativmedien sind demselben Muster verfallen. Viele, die noch Tage zuvor Corona-Experten waren, waren nun plötzlich Ukraine-Russland-Experten. Was hier zum Tragen kommt, ist ein immer wieder auftauchendes Phänomen der Medien, das alle Medienleute selbstkritisch reflektieren sollten:

Die Aufmerksamkeit wird nur mehr auf ein Thema gelenkt, alles andere, was es noch zu besprechen gäbe, wird ins Abseits gedrängt oder überhaupt nicht mehr thematisiert. So findet eine (teils gezielte) Informationsselektion vor dem Hintergrund menschlicher Aufmerksamkeitsökonomie statt; oftmals für Quoten, zulasten der Qualität. Nach einiger Zeit der Dauerbeschallung mit einem bestimmten Thema können die Menschen auch nicht mehr anders als sich in den Bann neuer Berichterstattung ziehen zu lassen und dafür andere Problemfelder zu „vergessen". Und was käme einer traumatisierten Gesellschaft gelegener als ein solch medial gestütztes Verdrängen?

Zweitens ist der Grund für die Verschiebung in der Aufmerksamkeit, dass mehr und mehr Aspekte der herrschenden Corona-Erzählung zusammenbrachen, indem sich die Ansichten von kritischen Stimmen bewahrheiteten. Dies beinhaltete Themen, die in alternativen Medien längst geklärt und besprochen waren, wie etwa die Problematik einer massiven Untererfassung von Impfnebenwirkungen oder das Ignorieren der Nebenwirkungen vonseiten vieler Ärzte; Thematiken, die nunmehr auch sukzessive in den Mainstream einsickerten und von MDR, Das Erste und anderen etablierten Medien mittlerweile breiter diskutiert werden.[138] Vieles, was engagierte Journalistinnen und Journalisten, kritische Ärztinnen und Ärzte längst herausgefunden hatten und seit Monaten, wenn nicht gar länger auf alternativen Plattformen betonen: Allmählich wird es auch in größeren Medien zur Sprache gebracht.

Und schließlich ist drittens das entscheidende Stichwort für den fliegenden Wechsel der folgende: Das politisch geschickte Solidaritätsnarrativ, das mit Corona-Impfung und Maßnahmentreue installiert wurde, hat mehr und mehr seine Untauglichkeit bewiesen und war ebenfalls zusammengebrochen. Spätestens als rund um einen selbst viele dreifach Geimpfte ebenso rasch und ebenso schwer an Covid erkrankten wie viele nicht-geimpfte Menschen und munter andere ansteckten, wurde auch dem letzten Impfbefürworter (hoffentlich) klar, dass die Covid-Impfung – wenn überhaupt – allenfalls ein Selbstschutz sein konnte. Da gute Menschen jedoch immer davon leben, mit anderen Menschen solidarisch zu sein, so brauchte es offenkundig eine neue

---

138 Vgl. etwa Beiträge in Cicero, https://www.cicero.de/kultur/impfschaeden-aerzte-chat-nebenwirkung-schweigen, oder in der Berliner Zeitung, https://www.berliner-zeitung.de/news/impffolgen-krankenkasse-bkk-schreibt-brief-an-paul-ehrlich-institut-li.213676 und endlich auch Beiträge im MDR: https://www.mdr.de/video/mdr-videos/c/video-599962.html sowie https://www.mdr.de/brisant/coronaimpfung-impfschaeden-100.html , oder https://www.focus.de/gesundheit/news/charite-forscher-harald-matthes-im-interview-mindestens-70-prozent-untererfassung-bei-den-impfnebenwirkungen_id_76570926.html, abgerufen am 02.04.2022.

Projektionsfläche, die teils freiwillig, teils politisch und vor allem medial gefunden wurde. Mit dem Krieg zwischen Russland und der Ukraine war der nächste zu schützende Mündel entdeckt, den man entsprechend unter die politisch-korrekten Fittiche nehmen konnte. Die Ukraine als Nicht-EU-aber-vermutlich-bald-Land und Kriegsflüchtlinge aus der Ukraine, perfekt! Das Schwenken von Nationalflaggen war nun in Kreisen, die ansonsten die Fahnen des eigenen Landes nicht einmal mit der Zange angreifen würden, überhaupt kein Problem, die komplexe Vorgeschichte von Russland, Ukraine und den anderen involvierten politischen Akteuren wurde beiläufig weggewischt.

Tugendprahlerei und Mainstream-Konsens

Nun ist es hoffentlich klar, dass ich mich an dieser Stelle niemals gegen ernst gemeinte Hilfe für Kriegsopfer aussprechen würde. Was man jedoch beobachten kann, ist eine Form von Engagement, die sich primär symbolpolitisch durch die Zurschaustellung angeblich edler Ziele, also durch Tugendprahlerei (auf Englisch: Virtue Signaling), vor Kritik abschirmt. Es ist der zur Schau gestellte Konsens, von dem plötzlich niemand mehr abweichen darf, der uns als Solidarität verkauft wird und der nichts Demokratisches mehr an sich hat. Denn wie betonte die Politikwissenschaftlerin Ulrike Guérot einmal so treffend: „Demokratie ist öffentlicher Streit, nicht zur Schau gestellter Konsens."[139]

Die selbstgerechte und moralinsaure Einschienenbahn des Virtue Signaling löst hingegen das demokratische Streitgespräch völlig ab, immunisiert sich gegen Kritik und sonnt sich in der politisch-medial abgesegneten Überzeugung, auf der „richtigen" Seite zu stehen.

Dies war schon bei den Lichtermeer-Kundgebungen von „Yes we care" zu den Covid-Toten so, denn wer kann schon kritisieren, wenn man der Toten gedenkt? Und ebenso ist es mit den Menschen, die aus Kriegsgebieten flüchten; Wer kann dagegen schon etwas sagen, wenn man sich (angeblich) für diese Menschen einsetzt, wenn Firmen überall die ukrainische Flagge anbringen, um ihre Solidarität zu vermitteln? Selbiges gilt für Solidaritätsbekun-

---

[139] Vgl. https://www.nachdenkseiten.de/?p=81655&pdf=81655, abgerufen am 08.03.2022.

dungen mit den Black-Lives-Matter-Demos; welcher Unmensch würde ein solch hehres Ziel schon kritisieren? Und gleichzeitig: Wie billig ist am Ende die Geste, sich als Unternehmen eine Fahne auf das Produkt zu pappen?

Dieser immer wieder zur Schau gestellte, angeblich solidarische Mainstream-Konsens führte auch dazu, dass Benefiz-Konzerte für die Ukraine gegeben wurden: So standen z.B. in Wien am 19.03.2022 ca. 40 000 Menschen im Ernst-Happel-Stadion ohne Maske eng beisammen und lauschten österreichischer Popmusik.[140] Auch der österreichische Bundespräsident, Risikogruppe par excellence, war dabei und hielt eine Rede.

Bei den richtigen Anliegen scheint in einer Stadt, in der in der Gastronomie, vielfach im Job und in einigen Museumsbereichen bis in den April hinein die 2G-Regelung vorherrschte und die Kinder vielfach noch in der Schule mit Maske herumsitzen mussten, ein dicht gedrängtes, potenzielles Superspreading-Event kein Problem zu sein.[141] Und die Solidarität mit der Ukraine scheint die Solidarität mit den vulnerablen Gruppen zu stechen.

Diese Form der Doppelmoral lässt sich seit zwei Jahren in aller Deutlichkeit erkennen. Bei den (politisch) „richtigen" Anliegen können wir die Corona-Maßnahmen getrost ignorieren oder herunterfahren, bei den „falschen" Anliegen sind die Teilnehmenden alle Gefährder und Pandemie-Verlängerer, die an allem Übel des pandemischen Geschehens schuld sind.

Plumper und ideenloser kann man den Protest unliebsamer Kritiker eigentlich gar nicht delegitimieren. Doch leider griff das Solidaritätsnarrativ gut in der Bevölkerung und konnte die augenscheinlichen Widersprüche (lange) zudecken.

---

140 Vgl. https://orf.at/stories/3254334/, abgerufen am 30.09.2022.
141 Die 2G-Regelung in der Gastronomie galt bis zum **14.04.2022**, dann nicht mehr. Vgl. https://coronavirus.wien.gv.at/neue-corona-regeln/ , abgerufen am 19.05.2022.

Das postmoderne Ich: Solidarität als Aus- und Abgrenzungsmittel

Solidarität scheint nun in den unterschiedlichsten, vor allem „linken" Kreisen eine Urtugend zu sein, von der man sich schwer lösen kann oder möchte, man denke etwa an die hochkomplexe Israel-Palästina-Thematik, die oft auch ein Zankapfel von linkem Aktivismus ist. Während die einen sich mit Israel solidarisieren, so solidarisieren sich die anderen mit den Palästinensern. Während für die einen Israels Politik eine imperialistische Raumordnung darstellt, so ist für die anderen die Kritik an Israel antisemitisch motivierte Affirmation terroristischer Umtriebe.

Formen von (oftmals simplifizierendem) Lagerdenken persiflieren dabei leider immer wieder die ernsthafte politikwissenschaftliche Beschäftigung mit solchen durchaus wichtigen Themen. Doch der schlichte Mainstream kennt nur schwarz oder weiß.

Logisch also, dass der mittlerweile tendenziell linke Mainstream die Urtugend der Solidarität ebenso gerne aufgreift und das Lagerdenken, wie oben skizziert, stark befeuert.

Interessanterweise fand ich unlängst in einem Buch aus den 1980er Jahren folgende Worte über linke Moral, die die entsprechenden Phänomene, sogar mit dem Verweis auf die Problematik der Doppelmoral, perfekt zusammenfassten. So schrieb der Autor Erich Ledersberger:

„Solidarität hat ein Doppelgesicht: je mehr sie den persönlichen Lebensbereich betrifft, desto geringer ist sie. Mathematisch gesagt: die Solidarität nimmt mit wachsender Entfernung linear (manchmal auch quadratisch) zu und umgekehrt."[142]

Dies passt eigentlich perfekt auf die in die Ferne projizierte Solidarität mit Kriegsflüchtlingen, während man sich um die Menschen im direkten Umfeld nicht schert oder in empathieloses Achselzucken verfällt, wenn es um die Ausgrenzung Ungeimpfter geht.

---

142 Erich Ledersberger: „Moral – ein linkes Tabu". In: Das Schulheft: Linke Moral. Verlag Jugend & Volk 1984, S.70.

Solidarität klingt als Konzept verlockend, führt jedoch, man sieht es auch am Israel-Palästina-Beispiel, immer auch zu einer Gegen-Haltung, weswegen ich mich frage, ob sie überhaupt noch ein taugliches Handlungs- oder Einstellungskonzept darstellt.

Denn wer die verschärfte Entwicklung des Solidaritätsbegriffes, besonders in den letzten zwei Jahren, verfolgt hat, kommt nicht umhin zu erkennen, dass Solidarität zumeist eine perfide Form besitzt, die neben der angesprochenen Doppelmoral zusätzlich alle, die nicht gleichermaßen „solidarisch" (sprich: auf Linie) sind, als moralisch verwerflich abstempelt oder ihnen gar eine Komplizenschaft mit dem Gegner des- oder derjenigen, mit denen man solidarisch ist, unterstellt. Soll heißen: Wer nicht mit der Ukraine offen solidarisch ist, ist sogleich ein Putinfreund und findet den Angriffskrieg richtig; wer sich nicht für die Covid-Impfung entscheidet, ist automatisch gegen jede Impfung und gegen Wissenschaft. Wer nicht für Corona-Maßnahmen ist, die von „linken" Parteien perpetuiert wurden, der ist automatisch ein Rechter. Identität ist im postmodernen Subjekt-Verständnis das, was der andere nicht ist, also die Differenz, die hier nun ein Gegen inkludiert. Und wenn du nicht für die Ukraine bist, bist du automatisch für Russland. Wenn du nicht gegen Trump bist, bist du automatisch Trump-Fan. Eine beklemmend einfache wie auch autoritäre Formel, die die ideologische Verbohrtheit dieser Denkweise offenbart und auch die Beantwortung der Frage offenlässt, wer diese Gegensatzpaare überhaupt erst diskursiv einführt und wie die paradoxe Gleichzeitigkeit von identitätspolitischem Essentialismus und dem skizzierten Differenz-Denken sich unter einen Hut bringen lässt.
Ohne den Gegner gibt es aber offenkundig kein Ich und damit gleichzeitig auch keine Solidargemeinschaft. Wenn eine Solidargemeinschaft aber auf Feindschaft, auf Gegnerschaft aufbaut, ist sie keine solche mehr. Und so haben wir auf Grundlage angeblicher Solidarität eigentlich die Solidargemeinschaft als demokratisches Prinzip hinter uns gelassen.

Russenbashing und Cancel Culture

Auf Grundlage dieses solidarischen Ausgrenzungs-Mechanismus, den wir schon von den Corona-Debatten kennen, findet seit Kriegsbeginn weltweit Russen-Bashing, das Löschen russischer Kultur oder die Zensur verschiedener Medien statt. So cancelte etwa die Universität Mailand Anfang März ein literarisches Seminar über Dostojewski. Was die Weltliteratur eines Fjodor Dostojewski,[143] der bereits 1881 verstarb, mit der Autokratie Putins zu tun hat, bleibt ein Rätsel. Die Geschichtsvergessenheit solcher politischer Aktivismen ist immer zu hinterfragen, sie ist jedoch besonders bei universitären Einrichtungen mit einem Bildungsauftrag nur noch erschreckend, um nicht zu sagen: dumm. Auch Tschaikowsky und andere Vertreter russischer Kunst und Kultur wurden in dieser Form auf der ganzen Welt gelöscht und aus Konzerthäusern, Lehrveranstaltungen etc. verbannt.[144]

Besonders einschneidend ist Zensur und Löschung dabei für all jene, die momentan direkt betroffen sind: Menschen von russischer Gebürtigkeit, die aktuell wegen ihrer Nationalität attackiert und diskriminiert werden. Wo früher von Rassismus die Rede gewesen wäre, herrscht nun in den Medien – mit ein paar kargen Ausnahmen – weitgehendes Schweigen über derlei Ausgrenzung. Hier zeigt sich der Versuch einer reibungslosen Praktik des vorauseilenden Gehorsams vonseiten vieler kultureller Institutionen, die um keinen Preis anecken wollen und daher ihre russischen Künstler einfach fallen lassen.

Am 20. März 2022 etwa sollte die junge Cellistin Anastasia Kobekina in der Schweiz auftreten, das Konzert wurde aber wegen ihrer Nationalität abgesagt, weil das Konzerthaus in Ittingen keine Kontroversen wollte, obwohl die Künstlerin schon Anfang März von sich aus den Krieg gegen die Ukraine scharf kritisiert hatte.[145]

Solcherlei Löschungen sind seit Kriegsbeginn auf der ganzen Welt an der Tagesordnung und zeigen nunmehr die perfideste Art der

---

143 Vgl. https://www.t-online.de/nachrichten/deutschland/innenpolitik/id_91762564/universitaet-mailand-bicocca-cancelt-seminar-ueber-russischen-schriftsteller.html, abgerufen am 19.05.2022.
144 Vgl. etwa https://www.welt.de/kultur/article237144191/Ukraine-In-Berlin-faellt-Tschaikowsky-dem-Krieg-zum-Opfer.html, abgerufen am 19.05.2022.
145 Vgl. https://www.br-klassik.de/aktuell/news-kritik/anastasia-kobekina-absage-konzert-schweiz-weil-kuenstlerin-russisch-100.html, abgerufen am 19.05.2022.

Ausgrenzung. Denn während die „bösen Ungeimpften" mit einer Impfung noch zu guten Menschen „konvertieren" konnten, so bleibt der „böse Russe" immer ein böser Russe.

Neueste Steigerung: Krieg ist Solidarität

Während es oft auch nur mehr groteske Beispiele dieser fehlgeleiteten Solidarität gibt – man denke etwa an den Eklat rund um die Ausladung einer Künstlerin mit Dreadlocks von einer Fridays-for-Future-Veranstaltung (ihr wurde kulturelle Aneignung vorgeworfen, weil sie als Weiße eine Dreadlock-Frisur besitzt)[146] – so ist nunmehr die größte Steigerung des abgründig Solidarischen festzustellen: Krieg bedeutet nun offenbar auch Solidarität.

Genauer: Politiker aus dem linken/linksliberalen Spektrum (SPD, Grüne) treten als Wettrüstungs- und Kriegsbefürworter auf, indem Waffenlieferungen in Kriegsgebiete, die noch vor kurzer Zeit strikt abgelehnt wurden, nunmehr Solidarität bedeuten sollen. Doch nicht nur Akteure aus der Politik, auch führende mediale Meinungsmacher, Künstler und Intellektuelle, sehen Waffenlieferungen als solidarischen Akt. Der Wunsch nach Frieden ist für sie lächerlich und abzulehnen.

Während der Ausbau des Gesundheitssystems zur Zeit einer globalen Gesundheitskrise nicht konsequent in Angriff genommen wurde, so war der Plan von 100 Milliarden mehr für die deutsche Bundeswehr (verkündet am 27.02.2022) und 2 % des BIP jährlich für die deutsche Rüstung plötzlich quasi über Nacht möglich. Bundeskanzler Olaf Scholz bekam gar Standing Ovations im Bundestag für diese Forderung[147], dennoch ging es vielen mit den Waffenlieferungen nicht schnell genug. Scholz' anfängliches Zögern wurde ihm als Schwäche ausgelegt, etwa von CDU-Chef Friedrich Merz.[148]

Mittlerweile stimmt nun auch Scholz völlig in den Kanon der Waffenlieferungen ein:

---

146 Vgl. https://www.welt.de/vermischtes/video237758389/Kulturelle-Aneignung-Fridays-for-Future-laedt-Musikerin-wegen-Dreadlocks-von-Demo-aus.html, abgerufen am 19.05.2022.
147 Vgl. https://www.welt.de/politik/deutschland/article237180045/Deutschland-100-Milliarden-Euro-fuer-Bundeswehr-Fluessiggas-Terminals.html, abgerufen am 19.05.2022.
148 Vgl. https://www.derstandard.at/story/2000135285684/merz-wirft-scholz-in-waffendebatte-fuehrungsschwaeche-vor, abgerufen am 19.05.2022.

Bei einer Kundgebung am 01.Mai 2022 beschrieb er die Verweigerung von Waffen an die Ukraine als zynisch und damit einhergehenden Pazifismus als „aus der Zeit gefallen".[149]

Nun steht also die Einstellung zum Frieden selbst auf dem Prüfstand: Pazifismus ist jetzt offenbar eine unsolidarische und zynische Haltung.

Und da die Stimmen der Politiker offenbar nicht genug sind, um einen vermeintlichen Konsens herzustellen, so braucht es natürlich wieder Medienleute, die den politischen Sermon nachbellen. So bezeichnete der deutsche Brachial-Kolumnist Sascha Lobo Osterdemonstrationen für den Frieden in einem Artikel vom 20.04.2022 als einen Ausdruck des „deutschen Lumpen-Pazifismus".[150] Diese Formulierung erschreckt besonders auch deswegen, weil der Wortbestandteil „Lumpen" eigentlich auf die Begrifflichkeit „Gesindel" oder „Gesocks" verweist[151], eine Art der Argumentation gegenüber Demonstranten, die man aus der Vergangenheit eigentlich so nur von Rechten kennt. Viel spannender als die niveaulosen Begrifflichkeiten Lobos (neben dem Begriff der „Lumpen-Pazifisten" wird etwa Ghandi zu Beginn des Artikels als „Knalltüte" bezeichnet und Putin als „russischer Faschistenführer") ist bei Lobo aber die Verdrehung, wonach dieser Lumpen-Pazifismus selbstgerecht und egoistisch sei, ergo: nicht solidarisch (so wie wir es bereits von der Impf-Argumentation kennen). Oder, um es mit Lobo selbst zu sagen: „Es handelt sich dabei um eine zutiefst egozentrische Ideologie, die den eigenen Befindlichkeitsstolz über das Leid anderer Menschen stellt." Und um dem Ganzen eines draufzusetzen, wird diesen „egozentrischen" Demonstranten von Lobo zusätzlich noch unterstellt, dass sie mit ihrer pazifistischen Haltung Putin zuarbeiten würden. Wie bitte?

---

149 Vgl. https://www.sueddeutsche.de/politik/scholz-waffenlieferungen-ukraine-pazifismus-putin-1.5576310, abgerufen am 19.05.2022.
150 https://www.spiegel.de/netzwelt/netzpolitik/ukraine-krieg-der-deutsche-lumpen-pazifismus-kolumne-a-77ea2788-e80f-4a51-838f-591843da8356, abgerufen am 19.05.2022.
151 Genauer geht der Begriff auf Marx zurück, der mit „Lumpenproletariat" die Ärmsten der Armen bezeichnete, die sich durch Pöbeleien bemerkbar machten und begrifflich eben direkt auf die Begriffe Asoziale, Gesindel, Gesocks verweist. Vgl. https://www.dwds.de/wb/Lumpenproletariat, abgerufen am 19.05.2022.

In dieselbe Rhetorik reiht sich (wieder mal) Jan Böhmermann ein, der ebenso Corona-Hardliner wie Waffen-Befürworter ist. Böhmermann twitterte etwa am 18. April: „Willy Brandt hätte schwere Waffen an die Ukraine geliefert."[152] Mit Blick auf Scholz könnte man meinen, es handle sich um einen ironischen Kommentar, wer jedoch die weiteren Tweet-Ergüsse von Böhmermann betrachtet, merkt, dass er es ernst meint.

Dass die beiden Radaubrüder Lobo und Böhmermann nun journalistisch und intellektuell eher „schmalpickt" (das bedeutet „schmächtig" auf Österreichisch) sind, ist bei Rezeption ihrer Texte und Beiträge evident.
Unheimlich wird es aber, wenn sich Universitätsprofessoren und Intellektuelle, die sich jahrzehntelang mit dem Politischen beschäftigen, in derlei automatisierte Kriegsrhetorik einreihen.
So schreibt etwa der deutsche Soziologieprofessor der Universität München, Armin Nassehi in seinem Beitrag „Die Rückkehr des Feindes" vom 25.02.2022, also nur einen Tag nach dem Angriff Russlands auf die Ukraine: „Wir haben wieder einen Feind, der den Blick auf uns selbst lenkt. Nehmen wir ihn intellektuell an."[153] Der gesamte Text, erschienen in der „Zeit", erzählt vom Unverständnis dafür, dass man sich über illiberale Entwicklungen in Europa während der Corona-Krise mokiert, während sich doch, laut Nassehi, das Undemokratische (einzig) in Form von Putins Russland Bahn bricht. Erneut wird hier (in Analogie zu Lobos Argumentation) die Unterstellung gemacht, dass Kritiker von Corona-Maßnahmen Freiheit mit Egoismus verwechseln, während wir ja als Beweis des tatsächlich Schlimmen Putin und seine Schergen sehen. Nassehi schreibt:

> **Während der Pandemie sind die Straßen voll von Leuten, die von einer „Diktatur" faseln, wirklich schwierige und notwendigerweise diskutable Pandemiemaßnahmen werden als bewusster Test für die Einschränkung von Freiheit diskutiert, ja Freiheit wird überhaupt mit bloßem Individualismus und Egoismus gleichgesetzt, ohne auch nur eine Ahnung davon zu haben (oder haben zu wollen), wie sehr der Dis-**

---

152 https://twitter.com/janboehm/status/1515993122173501441, abgerufen am 19.05.2022.
153 https://www.zeit.de/kultur/2022-02/demokratie-bedrohung-russland-ukraine-krieg-wladimir-putin, abgerufen am 19.05.2022.

> kurs um die liberale Demokratie historisch darum gerungen hat, Selbstbestimmung und soziale Erwartungen, subjektive Rechte und soziale Ordnung miteinander zu versöhnen.

All die Millionen ausgegrenzten, verlachten, diffamierten und vielfach ruinierten oder in ihrer beruflichen/sozialen Existenz gefährdeten Menschen in Deutschland, Österreich, aber auch in Italien und Großbritannien (oder auf der ganzen Welt), die zur Zeit von 2G, Test- und Maskenterror in die Ecke gedrängt wurden, würden dem politischen Soziologen mit Sicherheit widersprechen.

Man könnte Nassehi auch entgegnen, dass es sehr kurios ist, den Autoritarismus von Putin zu verdammen, während man das Korrodieren des Demokratischen in unserer Mitte als Fachmann für politische Soziologie gekonnt ignoriert und völlig unnötig, wie in Form einer allergischen Reaktion, erneute Feindbildproduktion befeuert, obwohl vermutlich eher Deeskalation angesagt wäre.
Doch immerhin gibt es auch deutliche Gegenstimmen gegen das martialische Säbelrasseln, wie der offene Brief an Olaf Scholz, unterzeichnet von Alice Schwarzer, Juli Zeh, Lars Eidinger und vielen anderen Intellektuellen und Künstlern beweist, in dem sich ebendiese eindeutig gegen Waffenlieferungen und für Deeskalation aussprechen, dabei in ihren Formulierungen aber sehr genau und unparteiisch bleiben.[154]
Zudem darf man eines nicht vergessen: Die deutsche und österreichische Bevölkerung steht bei Weitem nicht uneingeschränkt hinter Böhmermann und Co., sondern sieht sehr wohl, dass man zeitgleich mit der ukrainischen Bevölkerung mitfühlen, humanitäre Hilfe leisten kann UND sich gegen jede Art von plumpem Russen-Bashing aussprechen, dabei aber jegliche Involvierung durch gelieferte Waffen vermeiden sollte. Denn dass mehr tödliche Waffen nicht mehr Frieden bedeuten, wäre ein wünschenswerter Konsens, den wir offenbar erst wieder aus der Sprache des Hasses ausgraben müssen. Eine Sprache, die uns gegenwärtig Ausgrenzung als Solidarität verkauft und Feindbildproduktion als intellektuelle Analyse.

---

154 Vgl. https://www.emma.de/artikel/offener-brief-bundeskanzler-scholz-339463, abgerufen am 19.05.2022.

DER VERMESSENE MENSCH: DATENSAMMLUNGEN VOM 18. JAHRHUNDERT BIS IN DIE GEGENWART

(Dieser Text erschien im Stichpunkt-Magazin Nummer 2, Oktober 2022)

Vorbemerkung

Im Laufe der letzten drei Jahrhunderte entstanden verschiedene Formen der Sammlung von Daten über den Menschen.
Während wir bis ins 18. Jahrhundert das Zeitalter der Entdeckungen und damit die Vermessung der Welt erleben konnten, so zeigte sich mit der sukzessiven Schließung der weißen Stellen auf dem Globus auch langsam eine Verschiebung hin zum Interesse an der Vermessung des Menschen, insbesondere hervorgerufen durch die Entdeckung „anderer" Menschen[155], die im Zusammenhang des Imperialismus und Kolonialismus wie neue Tierarten anthropologisch untersucht wurden. Diese Vermessung fand physiologisch und ethnisch („rassisch"-rassistisch) statt und weitete sich im Laufe der Jahrhunderte zur kognitiven, kulturellen, sprachlichen, sozialen, psychologischen und gesamtmedizinischen Erfassung des Menschen aus.

Die Art der Sammlung von Daten über den Menschen korreliert nun grundsätzlich mit verschiedenen Herrschaftsformen. Zudem nahmen mit der Zeit, nicht nur aufgrund der technischen Möglichkeiten, sondern aufgrund der verschiedenen Verfasstheit dieser Herrschaftsformen, die Methoden und das Ausmaß der Datenerfassung zu. Diese Erfassung des Menschen hängt letztlich mit der Disziplinierung des Menschen zusammen, die im Laufe dieser Herrschaftsformen unterschiedliche Gestalt erhielt. Und mit der Disziplinierung geht auch die Überwachung einher.

Vormoderne und Mittelalter

Vor dem Zeitalter der Entdeckungen und vor der industriellen Revolution herrscht, so der französische Geschichtsphilosoph Michel Foucault (1926-1984), das Souveränitätsregime vor. Symbole der Macht stabilisieren die Herrschaft und diese ist übermäßig sichtbar. Die Disziplinierung des Menschen geschieht über sogenannte peinliche Strafen, d.h. öffentliche Hinrichtung, Verstümmelung, Folter. Foucault hat sich mit diesen Formen der Strafe sehr detailliert in seinem Buch „Überwachen und Strafen" (1975) befasst, das sich mit der Geburt des Gefängnisses und ins-

---

[155] Interessant: Müssen Menschen erst zu „Anderen" gemacht werden, ehe man sie untersuchen will? Vgl. Zoologie, Gynäkologie, Anthropologie.

besondere mit der Entwicklung des französischen Strafsystems beschäftigt.[156] Foucault betont dabei nicht nur, dass er sich für die jeweils stattfindenden Sanktionen interessiert, sondern dass die Bestrafung eine komplexe, soziale Funktion darstellt.[157] Das Bestrafen vollzieht sich somit nicht nur innerhalb der Gefängnismauern, sondern ist in das gesamte System der Gesellschaft eingebettet.

Interessant an Foucault ist auch, dass er sich an anderer Stelle („Der Wille zum Wissen"-1976)[158] mit der Biopolitik und der Biomacht auseinandersetzt, Begriffe, die auf die biopolitische Erfassung und politische Verfügung über die Körper von Menschen verweisen. Diese letztliche Herrschaft über die Körper von Menschen findet sich im vormodernen Souveränitätsregime noch auf der Ebene der brutalen Verfügung über Leben und Tod, über Verstümmelung, oder Unversehrtheit. Dabei ist jedoch essenziell, dass das Souveränitätsregime mithilfe einer öffentlichen Zurschaustellung ihrer Macht funktioniert. Der koreanisch-deutsche Philosoph Byun-Chul Han (*1959), der sich in seinem Buch „Infokratie"[159] vielfach auf Foucault bezieht, schreibt dazu, dass die Souveränitätsmacht über theatralische Sichtbarkeit wirkt. Die Unterworfenen aber bleiben weitgehend unsichtbar.[160] Dieses Verhältnis wird sich jedoch im Laufe der Zeit mehr und mehr umkehren.

Moderne: Industrielle Revolution und Volkszählungen

Seit Beginn des Absolutismus beginnen nun schrittweise Vermessungspraktiken der Bevölkerung, die eben jene Biomacht und Biopolitik darstellen, wie sie Foucault beschreibt: Nicht die Verfügung über Leben und Tod, sondern in erster Linie die Verfügung über das Leben bestimmte diese neuen Machtformen. Es ist auch gewissermaßen die Geburt der Bevölkerung und mit ihr die erste Stunde der Bevölkerungspolitik, zuvor gab es nur

---

156 Vgl. Michel Foucault: Überwachen und Strafen. Suhrkamp 1976.
157 Vgl. Foucault 1976, S.34.
158 Vgl. Foucault: Der Wille zum Wissen. Sexualität und Wahrheit I. Suhrkamp 1977. Auf Französisch 1976 erschienen.
159 Byun-Chul Han: Infokratie. Matthes & Seitz 2021.
160 Vgl. Han 2021, S. 10.

Untertanen. Ein erstes großes Mittel zur biopolitischen Erfassung der Bevölkerung ist das Mittel der Volkszählungen und es soll bis ins zwanzigste Jahrhundert eine maßgebliche Praktik zur Überwachung bleiben. Wenngleich erste Volkszählungen im modernen Sinne 1528 in Litauen (Erfassung der wehrfähigen Männer und der bäuerlichen Bevölkerung)[161] und in Schweden-Finnland 1686[162] stattfinden, so sind erst nach 1800 alle europäischen Staaten/Territorien durch die Praktiken der Volkszählungen geprägt. In Österreich begann unter der absolutistischen Herrscherin Maria Theresia bereits 1754[163] die erste Volkszählung, wohingegen diese in Großbritannien (1801), Frankreich (1801) und Preußen (1816) erst mehr als ein halbes Jahrhundert später stattfanden (wobei hier die Meinungen teilweise auseinandergehen, was genau eine moderne Volkszählung ist).[164] Mit der Zeit des Absolutismus jedenfalls begannen auch Errungenschaften wie Impfpflichten, Schulpflicht, Reisepässe (die 1750er Jahre gelten als die Geburt des Reisepasses) und dergleichen.[165] Auch Formen von Gesundheitspässen haben eine längere Tradition, als man denken könnte, Vorformen wurden etwa schon im 14. Jahrhundert bei großen Pestepidemien eingesetzt.[166]

Mit dem Industriekapitalismus und den Errungenschaften der industriellen Revolution stellte sich schließlich mehr und mehr ein Disziplinarregime als Herrschaftsform ein: Die Gesellschaft des Schauspiels wurde durch eine Gesellschaft der Überwachung abgelöst, gestützt durch große bürokratische Überwachungsapparate, wie wir sie aus den totalitären Systemen des 20. Jahrhunderts kennen (Stichwort Stasi, Gestapo, KGB und dgl.).

---

161 Vgl. https://web.archive.org/web/20120419050215/http://www.stat.gov.lt/en/pages/view/?id=1490, abgerufen am 11.09.2022.
162 Vgl. https://web.archive.org/web/20120918003745/http://www.scb.se/Pages/List____257159.aspx, abgerufen am 11.09.2022.
163 Vgl. https://www.geschichtewiki.wien.gv.at/Erste_Volksz%C3%A4hlung, abgerufen am 11.09.2022.
164 Vgl. https://web.archive.org/web/20120918003745/http://www.scb.se/Pages/List____257159.aspx sowie Harald Michel: Volkszählungen in Deutschland. In: Jahrbuch für Wirtschaftsgeschichte 1985/II, S.79-92.
165 Vgl. https://www.habsburger.net/de/kapitel/der-kampf-gegen-die-pocken, abgerufen am 11.09.2022.
166 Damit gemeint ist z.B. der sogenannte Pestbrief in Venedig, vgl. Jürgen Beyer: Gesundheitspässe und Impfatteste. In: Mitteilungen der Gesellschaft für schleswig-holsteinische Geschichte 100/Frühjahr 2021 - https://www.geschichte-s-h.de/wp-content/uploads/2021/04/Mitteilungen-100.pdf, und https://www.persee.fr/doc/pop_0032-4663_1963_num_18_2_10763, abgerufen am 11.09.2022.

Byun-Chul Han sagt hierzu: „Im Disziplinarregime kehrt sich das Sichtbarkeitsverhältnis komplett um. Sichtbar gemacht werden nicht die Herrschenden, sondern die Beherrschten."[167] Entscheidend dabei ist, dass die Betroffenen sich ständig überwacht fühlen und diese Überwachung auch verinnerlichen. So entsteht eine totalitäre Situation, wie sie in George Orwells „1984" (1949) eindringlich beschrieben wird.

Eine neue Situation erleben wir gegenwärtig bzw. seit dem Siegeszug des Internets mit dem Eintritt in das Informationsregime. Im Zeitalter des Informationskapitalismus werden soziale, politische und ökonomische Prozesse über die algorythmische Verfügung von Informationen bestimmt. Durch Künstliche Intelligenz können Muster und Bewegungsprofile erstellt werden, die immer besser werden, je mehr die Konsumenten kommunizieren. Und je mehr Information, desto besser wird die KI schließlich trainiert. Das frappierende am Informationsregime ist jedoch, dass es vordergründig nicht repressiv im orwell'schen Sinne oder im Sinne von Margaret Atwoods „The Handmaid's Tale" (1985) funktioniert, sondern dass man im Informationsregime die Gitterstäbe nicht mehr als solche erkennen kann. Ebenso wie uns das Glas im Eisbären- oder Affengehege suggerieren soll, dass wir es nicht mit einem Gefängnis zu tun haben, so gaukelt uns das Informationsregime vor, dass wir frei sind. Byun-Chul Han schreibt hierzu: Paradoxerweise sichert gerade das Gefühl der Freiheit die Herrschaft. [...] Die Herrschaft vollendet sich in dem Moment, in dem Freiheit und Überwachung in eins fallen." [168]

Geradezu bereitwillig wird vonseiten der Überwachten, die gleichzeitig Konsumenten sind, in die Vermessung ihrer gesamten Lebensdaten zugestimmt: Sozialverhalten (Social Media, Telefon und dgl.), das Verhalten im Raum (Geodaten), Liebesleben und sexuelle Vorlieben (Dating Apps und Internetpornographie), Gesundheitsdaten und sportliche Betätigung (Smart Watch und digitale Gesundheitspässe), Vermessung der Gesundheit generell (Versicherungen und Systeme elektronischer Gesundheitsdaten), Konsumverhalten (online-Bestellungen und online-Banking); alles

---

167 Han 2021, S.11.
168 Han 2021, S.12.

wird erfasst. Die Ideologie mit totalitären Zügen hinter diesem Informationsregime nennt Byun Chul Han Dataismus. Eine Ideologie, die ihr Wesen als Ideologie verschweigt, indem sie sich auf die digitale Technik stützt und sich als praktisch und notwendig darstellt. Han sagt hierzu: „Das dataistische Totalwissen wird nicht durch ideologische Narration, sondern durch algorythmische Operation erreicht."[169] Entscheidend für den Machtgewinn dieses dataistischen Regimes ist daher der Besitz von Informationen, die man als Konsument von Smartphone und Internet-Inhalten gleichzeitig permanent konsumiert und produziert.

Die Vermessung des Menschen ist, so wie die Vermessung der Welt, letztlich nicht ohne moderne Wissenschaft und Technik zu begreifen.

Die Vermessung des Menschen funktioniert primär als ein Mittel der (staatlichen) Kontrolle, sie ist ein Herrschaftsmittel, ein Mittel zur Herrschaft über den Menschen. Daher ist der Versuch der Herrschaft über den Menschen am Ende auch untrennbar mit der modernen Wissenschaft verbunden. Diese Schlussfolgerung bedeutet jedoch keine Wissenschaftsfeindlichkeit, sondern die Notwendigkeit einer fundierten Technik- und Wissenschaftskritik, die sich mit den negativen Aspekten von Wissenschaft und Technologie ungeschönt auseinandersetzt. Dies sollte in einer Gesellschaft, die sich als aufgeklärt versteht, eigentlich möglich sein.

---

169 Han 2021, S.18.

KARL MAY UND DER FRIEDEN
(Dieser Text erschien im Stichpunkt-Magazin Nummer 3, November 2022)

„Der rote Mann kämpft den Verzweiflungskampf; er muss unterliegen; aber ein jeder Schädel eines Indianers, welcher später aus der Erde geackert wird, wird denselben stummen Schrei zum Himmel stoßen, von dem das vierte Kapitel der Genesis erzählt." - Karl May: Der Sohn des Bärenjägers, In: Der gute Kamerad. Spemanns illustrierte Knabenzeitung (12.03.1887), S.154.

Frieden in Zeiten des Krieges

Wir leben in seltsamen Zeiten, wo die Tugenden von einst in der Gegenwart plötzlich Verfehlungen darstellen und wo längst Überwundenes sich wieder Bahn zu brechen scheint.

Vor dem Hintergrund des Krieges in der Ukraine, der auf beiden Seiten im Wochentakt hunderte, wenn nicht gar tausende Tote erzeugt, in dieser Auseinandersetzung, wo die propagandistischen Inhalte verschiedenster Art sich ebenso ein Duell liefern wie der zwangsverpflichtete junge Ukrainer, der gegen den zwangsverpflichteten jungen Russen kämpfen muss, sollte man nicht Menschen gegeneinander aufbringen, sondern gesammelt gegen den Krieg agitieren, vor allem auch dort, wo der Krieg noch nicht auf fruchtbaren Boden gefallen ist. Ja, mehr noch: Vor dem Hintergrund all dieser Schrecklichkeiten mitsamt ihren politischen, wirtschaftlichen Akteuren und den Strippenziehern in den hintersten Kabinetten der Kriegsmaschinerie muss man wohl einen Gedanken besonders hochhalten und immer wieder einfordern: jenen des Friedens. Nicht immer nur gegen etwas, sondern auch für etwas sein.

Leider verwundert es angesichts einer vielfach auf Eskalation getrimmten Medienlandschaft nicht, dass eindeutige Sprecher des Friedens mitunter des Gegenteils bezichtigt werden, was sich auf ganz verschiedenen Ebenen, in verschiedenen Bereichen zeigt. Die Debatten werden hitziger, die Anschuldigungen gnadenloser, die autoritären Tendenzen auf verschiedenen Seiten stärker. Und damit einher gehen auch jene aus den USA kommenden Diskussionen um kulturelle Aneignung, die seit einiger Zeit in den deutschsprachigen Raum übertragen werden. Frei nach Lisa Eckhart könnte man ironisch anmerken, dass auch dies vielleicht kulturelle Aneignung ist, aber die Fragen zu diesem seltsamen Begriff überhaupt müssen an anderer Stelle beantwortet werden.

Im Sommer entbrannte jedenfalls so im Fahrwasser eigenartiger Cancel-Culture-Phänomene erneut eine Diskussion rund um Karl May: Eine neue Filmadaption zur Figur des Winnetou – ein Kinderfilm – sorgte in den Medien für Furore. Es ging dabei eben um die bereits angesprochene kulturelle Aneignung, um Rassismus und romantisierte Verklärung der Native Americans. Und um Kritik an deutschen Schauspielern, die Apachen darstellen. Die Begleitbücher zum Film, erschienen im Ravensburger-Verlag, durften schließlich nicht erscheinen, der Verlag machte einen Rückzieher.[170] Und diese Debatten führten dazu, dass auch im öffentlich-rechtlichen Fernsehen für einige Zeit die Winnetou-Filme der 1960er Jahre aus dem Programm genommen wurden, was aber offenbar auch mit ausgelaufenen Lizenzen zu tun hatte.[171] Die Kritik machte allerdings aber nicht bei den Karl-May-Adaptionen Halt, sondern erfasste die Bücher von May selbst, vor allem mit der Begründung, dass er selbst niemals im „Wilden Westen" gewesen sei.[172] Wer aber von der Literatur verlangt, nur über tatsächlich selbst Erlebtes zu schreiben, der muss dann schnell mal mehr als die Hälfte der Weltliteratur auf den Misthaufen werfen. Neben dieser absurden Forderung einer Literatur ohne Kreativität (denn das Kunststück der Literatur ist es ja gerade auch, sich mitunter in fremde Welten hineindenken zu können und gleichzeitig völlig neue Welten zu erzeugen) erstaunt es schon – gerade in Diskussionen um indigene Kulturen – Karl Mays Prosa anzugreifen.

Und zwar vor allem deshalb, weil Karl May (1842-1912) zwar ohne Frage romantische Abenteuerromane schrieb und mit Sicherheit mancherlei Exotismus[173] betrieb. Er war auch aufgrund der Zeit, in der er lebte, nicht frei von Stereotypen, bediente sich auch im-

---

170 Vgl. https://www.ndr.de/kultur/buch/Ravensburger-zieht-Winnetou-Buecher-zurueck-Gefuehle-anderer-verletzt,winnetou178.html, abgerufen am 27.10.2022.
171 Vgl. https://www.t-online.de/unterhaltung/tv/id_100044368/-winnetou-verbot-bei-der-ard-das-steckt-dahinter.html, abgerufen am 27.10.2022.
172 Vgl. https://kurier.at/chronik/welt/streit-um-kulturellen-aneignung-nachdem-winnetou-buecher-nicht-erscheinen/402120318, abgerufen am 27.10.2022.
173 Exotismus meint vor allem die romantisiert-verklärende und/oder rassistische Darstellung fremder Kulturen, insbesondere von westlicher Seite gegenüber Asien, Afrika, dem Orient oder anderen nicht-westlichen Kulturen.

mer wieder solcher Versatzstücke (ohne sie dabei jedoch völlig durchzudeklinieren)[174]. Aber im Gegensatz zu vielen seiner Zeitgenossen des jungen Deutschen Reiches trat er als Vertreter des Friedens und der Völkerverständigung auf. Karl May hob sich dabei ideologisch stark und deutlich ab von den völkischen und deutsch-nationalen Kräften, die mit der Reichsgründung massiven Aufwind bekamen, und übte sich in deutlicher (und grundsätzlicher!) Kritik an expansiver Landnahme imperialer und kolonialer Kräfte. Der „Indianer" ist bei Karl May kein blutrünstiger Skalpsammler, welcher arme Siedler im Schlaf überfällt und unschuldige Frauen und Kinder meuchelt, sondern Kultur und Wesen der „Indianer" sind in Mays Werken im Einklang mit ihrer Umgebung und von weitgehender Friedfertigkeit und Genügsamkeit geprägt.

Und so ist es doch sehr irritierend, dass gerade in so einer Zeit, wo nur etwa 1500 km von uns entfernt ein Krieg tobt, einer der größten Pazifisten deutscher Prosa auch schon vom inquisitorischen Cancel-Daumen zerdrückt zu werden scheint, obwohl wir Frieden und Völkerverständigung mehr denn je benötigen.
Umso wichtiger ist es deswegen, auf Karl Mays Pazifismus einzugehen, der in den kritischen Beiträgen zu seinem Werk und seinem Nachleben leider viel zu selten thematisiert wird, obwohl er nicht von der Hand zu weisen ist.

Karl May ab den 1870er Jahren

Als 1871 das Deutsche Kaiserreich unter Reichskanzler Bismarck gegründet wurde, dauerte es nicht lang und Deutschland begann, Überseekolonien in ganz Afrika, Papua-Neuguinea, vereinzelten Inseln im Westpazifik und – was weiter unten in diesem Text nicht unwesentlich ist – in China zu installieren.
Ab Mitte der 1870er Jahre veröffentlichte Karl May auch seine erste Abenteuer-Prosa, gefolgt von den Kolportagenromanen der 1880er Jahre und schließlich gipfelte seine Literatur in den Reiseerzählungen der 1890er-Jahre, die ihn bis heute weltbekannt machten: Das Winnetou-Universum, ebenso wie die bekannten

---

[174] Interessant ist dabei auch der Aspekt der Darstellung jüdischer Menschen, was sehr detailliert und differenziert von der Karl-May-Gesellschaft beschrieben ist, vgl. https://www.karl-may-gesellschaft.de/kmg/seklit/kms/kms01/185.htm, abgerufen am 27.10.2022.

Orient-Texte rund um die Figur des Kara Ben Nemsi entstanden vor allem in dieser Zeit, hatten aber auch schon in seiner frühen Prosa erste Vorläufer.

Mit Winnetou schuf Karl May nun zwar in mancherlei Hinsicht ein Stereotyp vom edlen Wilden, ein Bild, das uns auch abseits indigener Kultur in Literatur und Film vielfach begegnet. Der edle Wilde war dabei natürlich eine Romantisierung, zugleich aber auch der Versuch, auf künstlerische Art die Gräuel des Kolonialismus und Imperialismus auszugleichen, das Abenteuer in der Wildnis selbst in den Fokus zu rücken und die angebliche Zivilisiertheit der Weißen in Frage zu stellen. Bei Karl May ist dies nicht zuletzt auch die spirituelle Position eines Christen, dem das Vorgehen der industriellen, westlichen Welt sehr unchristlich vorkam; Diese christlich-spirituelle Note seiner Literatur zeigte sich mehr und mehr in seinem allegorischen Spätwerk (z.B. „Ardistan und Dschinnistan"-1907-1909). Und wer genau hinsieht, dem scheint Winnetou, Häuptling der Apachen, als „roter Gentleman"[175] wie eine indigene Christus-Figur den rauen, weißen Wildwest-Figuren moralisch weit überlegen zu sein. Jene Native Americans, die bei Karl May „böse" sind, sind meist schon von der vermeintlichen Zivilisation durch Alkohol, Waffen und Geldgier entfremdet und verdorben. Das Konzept des edlen Wilden verklärte das vorindustrielle, einfache Leben im Einklang mit der Natur zu einer Zeit, als in Mitteleuropa die industrielle Revolution vor allem im urbanen Bereich zwar bereits in vollem Gange war, lange Reisen jedoch dennoch vor allem oberen Gesellschaftsschichten vorbehalten waren. Fernweh und Abenteuerlust wurde so durch die Genres der (Trivial-)Literatur gestillt und nicht selten auch erotisch aufgeladen.

Karl May und China

Dass Karl May nicht nur für den Orient und Amerika ein Faible hatte, sondern sich grundsätzlich für andere Kulturen interessierte, zeigte sich auch in seiner Beschäftigung mit China und chinesischer Kultur. China als Gegenstand von Mays Abenteuer-Prosa findet sich erstmals 1880 in der Erzählung „Der Kiang-lu", wo er schreibt:

---
175 So wurde Winnetou zeitweilig auch in manchen Ausgaben im Titel bezeichnet.

> **Wunderbarstes Land des Ostens, riesiger Erdendrache, der seinen Zackenschwanz im tiefen Weltmeer badet, den einen Flügel in die Eisregionen Sibiriens und den andern in die dampfenden Dschungeln Indiens schlägt, und der, vom rasenden Teifun an das Gestade getrieben, über rauschende Flüsse, weite Seen, über Berge und Thäler auf nach Westen steigt, um seinen Kopf über die höchsten Giganten der Gebirge zu heben, die schreckliche Wjuga der Gobi zu atmen und aus den Wassern des Manasarowar zu trinken, werde ich es wagen dürfen, dir zu nahen, und werde ich deinen feindseligen Basiliskenblick mit meinem Barbarenauge ertragen können?** [176]

Besonders interessant ist, dass Karl May sehr kritisch gegenüber den deutschen Kolonialbestrebungen in China und bzgl. der China-Expedition des Deutschen Reiches war, die in der Besetzung von Tsingtau (1897) einen Gipfelpunkt erhielt, was die Aufmerksamkeit der Friedensaktivistin und Autorin von Bertha von Suttner („Die Waffen nieder!"-1889) erregte.

Das Werk von May, das sich besonders mit China und Asien beschäftigt, trägt den Titel „Und Friede auf Erden" (1904, titelgebend ist dabei eine Textstelle aus der Bibel, nämlich Lukas 2:14), der 30. Band von Mays gesammelten Werken. Es ist eine Reiseerzählung, in welcher der Autor in Kairo die Bekanntschaft mit zwei Chinesen macht. Es verschlägt ihn im Laufe seiner Reise mit dem Schiff von Sri Lanka über Malaysien schließlich nach China, wo er einige Abenteuer erlebt.

Interessant ist dabei die Editionsgeschichte dieser Reiseerzählung, denn eine kürzere Fassung erschien 1901 unter dem Titel „Et terra pax" im Sammelband „China: Schilderungen aus Leben und Geschichte, Krieg und Sieg; ein Denkmal den Streitern und der Weltpolitik". Hintergrund dieses Bandes war die Idee eines kolonialistisch-patriotischen Prachtbandes. Der Verleger Josef Kürschner bat hierfür Karl May um eine Abenteuer-Geschichte und May lieferte einen Beitrag, der jedoch dem deutschen Patriotismus entgegengesetzt war. Aufgrund von editorischen Details der Publikation bemerkte Kürschner „zu spät" diese Ausrichtung des Textes und war vom Pazifismus des gelieferten Beitrages

---

[176] Der Gesamttext findet sich online auf der Homepage der Karl-May-Gesellschaft, vgl. https://www.karl-may-gesellschaft.de/kmg/primlit/reise/gr11/gr11-txt.pdf, S. abgerufen am 27.10.2022.

sichtlich überrascht. Er entschuldigte sich dafür im Vorwort bei seinen Lesern. Karl May verweigerte jegliche Abänderung des Textes und schildert diese kuriose Editionsgeschichte auch selbst im Buch „Und Frieden auf Erden"[177].

Die Pazifismus-Rede in Wien: Karl May und Bertha von Suttner

Spätestens seit seiner Kritik am Umgang mit China war Bertha von Suttner Karl May zugetan. 1912 hielt Karl May eine pazifistische Rede in Wien[178], bei welcher die Friedensnobelpreisträgerin (sie erhielt den Preis 1905) ebenfalls anwesend war. Seine Rede mit dem Titel „Empor ins Reich der Edelmenschen!" hielt er für den „Wiener Akademischen Verband für Literatur und Musik". Er plädierte für eine friedliche Welt, die sich von Egoismus und Gewalt lösen sollte und stattdessen im Sinne christlicher Menschlichkeit agieren, wobei Wissenschaft, Religion und Kunst dabei maßgebliche Säulen eines moralischen Fortschritts darstellen sollten.[179] Nicht einmal zehn Tage nach seinem Vortrag starb Karl May 70jährig. Bertha von Suttner schrieb in der österreichischen Tageszeitung „Die Zeit" einen Nachruf und schloss diesen Text mit folgenden Zeilen:

> **Wer den schönen alten Mann an jenem 22. März (am 30. März, seinem Hochzeitstag, traf ihn ein Herzschlag) sprechen gehört, durch ganze zwei Stunden, weihevoll, begeisterungsvoll, in die höchsten Regionen des Gedankens strebend - der musste das Gefühl gehabt haben: In dieser Seele lodert das Feuer der Güte.[180]**

---

177 Vgl. Karl May: Und Frieden auf Erden. Verlag Carl Ueberreuter 1901/1904, S.411ff.
178 https://www.karl-may-gesellschaft.de/kmg/seklit/jbkmg/2000/94.htm , abgerufen am 27.10.2022.
179 Vgl. https://www.karl-may-gesellschaft.de/kmg/seklit/jbkmg/2000/94.htm#4_10, S. 95, abgerufen am 27.10.2022.
180 Bertha von Suttner: „Einige Worte über Karl May", in: „Die Zeit", 05.04.1912.

DANKSAGUNG

Während ich zu Anfang des ganzen Krisengewitters noch ziemlich isoliert war, so war es insbesondere ein Netz an wichtigen menschlichen Kontakten, das mich mehr und mehr in meinen Texten, meinen Analysen bestärkt hat. So wenig ich früher „Gruppen" gemocht habe, so wichtig ist es aber anzuerkennen, dass die Vereinzelung es ist, die uns schwach macht und uns den Mut nimmt. Das „social distancing" und die Ausgrenzungen durch 2G und dgl. hat auf perfide Weise seine Wirksamkeit gezeigt, indem es nämlich dafür sorgt, dass isolierte Menschen sich ab einem bestimmten Zeitpunkt auch selbst isolieren, von anderen abgeschnitten werden und sich schließlich auch selbst aus der Gesellschaft entfernen. Dem konnte ich entgegentreten. Dem konnten viele entgegentreten und sie haben gegen Maßnahmen, die Impfpflicht, Szientismus und Ideologisierung der Gesundheit demonstriert, gepostet, getwittert, widersprochen. Sie sind keine Rechtsextremen, sondern besorgte Mitbürgerinnen und Mitbürger. Sie sind keine Trotteln, keine Wissenschaftsfeinde, keine kleinen Kinder, denen man sagen muss, was zu tun ist. Sie sind mündige Teile der Bevölkerung. Sie wollen ernst genommen werden. Sie wollen mitbestimmen. Sie wollen nicht ohnmächtig sein.

Ich danke grundsätzlich all jenen Menschen, die mir in dieser Zeit eine Stütze waren, die mir Mut machten (sei es über Nachrichten, E-Mails oder im persönlichen Gespräch), mit denen sich Zusammenarbeiten künstlerischer oder journalistischer Art ergaben, oder die mir halfen, meine Texte an geeigneter Stelle unterzubringen. Und insbesondere: Die sich mit mir intellektuell austauschten.

Namentlich seien besonders erwähnt:

Thomas Stimmel, Inhaber des Verlages ars vobiscum, meine Frau Barbara, meine Mutter Evelyn, Ortwin Rosner, Ulrike Guérot, Martin Sprenger, Anemona Crisan, Maria Hanl, Anne Jodocy, Michael Andrick, Manfred „Manzi" Glauninger, Marcus Klöckner und die vielen weiteren Menschen, die ich in dieser völlig verrückten Zeit kennenlernen durfte, deren Arbeit, Gedanken, Beiträge ich sehr schätze.

Jan David Zimmermann ist Schriftsteller, Journalist und Wissenschaftsforscher. Seine Essays und Beiträge erscheinen unter anderem in der Berliner Zeitung, Cicero, oder dem Stichpunkt Magazin.

http://jandavidzimmermann.com

Das Medienhaus **ars vobiscum** setzt bei seinem Angebot für die Betrachter, Leser und Hörer auf die Erkenntnis, dass Kunst, Wort und Musik, den Auftrag haben, auf faszinierend unmittelbare Weise zu wirken. **ars vobiscum** widmet sich hochkarätigen Künstlern, Autoren und Journalisten. Dabei bietet es jenseits der Grenzen von E- und U-Genres eine große Plattform für Journalismus, Literatur, Musik und Kunst.

www.ars-vobiscum.media